Introdução à Programação para Bioinformática

com

Perl

Diego Mariano
Raquel Cardoso de Melo Minardi

Primeira Edição

Laboratório de Bioinformática e Sistemas
Departamento de Ciência da Computação
Universidade Federal de Minas Gerais

Introdução à Programação para Bioinformática com Perl

Primeira Edição

Diego C. B. Mariano, MSc
Prof. Dra. Raquel Cardoso de Melo Minardi

2016

Mariano, D. C. B.; de Melo-Minardi, R. C.; Introdução à Programação para Bioinformática com Perl - 1ª edição

Belo Horizonte, 2016
Amazon, Brasil

North Charleston, SC (EUA):
CreateSpace Independent Publishing Platform.
ISBN-13: 978-1522803942
ISBN-10: 1522803947

1. Bioinformática 2. Introdução à programação 3. Perl

Agradecimentos

Os autores gostariam de agradecer às agências de fomento à pesquisa Coordenação de Aperfeiçoamento de Pessoal de Nível Superior (CAPES), Fundação de Amparo à Pesquisa do Estado de Minas Gerais (FAPEMIG) e Conselho Nacional de Desenvolvimento Científico e Tecnológico (CNPq).

CAPES / Edital Biologia Computacional / número de processo
23038.004007/2014-82

Sumário

Nota do autor

Olá mundo! Mais uma vez retornamos à série "Introdução à Programação para Bioinformática". Este é o **segundo livro** dos três que serão publicados. Desta vez, abordaremos Perl, uma linguagem com uma sintaxe simples, mas que permite a construção de códigos capazes de lidar com imensas quantidades de dados.

Este livro adota uma linguagem coloquial. Mais uma vez peço desculpas se em certos pontos lhe parecer exagerada, entretanto garantimos que isso foi feito a fim de buscar uma maior interação com nossos leitores.

Gostaria de agradecer a todos que enviaram *feedback* sobre o livro "Introdução a programação para Bioinformática com Biopython", em especial a Marcos Castro, que gentilmente nos informou da necessidade de instalação da biblioteca *numpy* para execução do módulo Bio.PDB.

Reitero que todos os *scripts* apresentados neste livro foram testados nos sistemas operacionais Windows 10, Linux Ubuntu 12.04 e MacOS X 10.4. Entretanto, falhas estão sujeitas a acontecer, como as detectadas no primeiro livro da série. Em nossos testes utilizamos Perl v5 e o BioPerl v1.6. Caso obtenha problemas ao executar qualquer *script*, procure utilizar tais versões.

Boa leitura!

Diego Mariano
@diiegomariano

Prefácio

"There's More Than One Way To Do It".

Se você acaba de entrar no mundo da Bioinformática, provavelmente a primeira linguagem de programação que ouvirá falar é Perl. Talvez isso se deva à forte ligação que Perl e a Bioinformática criaram durante o Projeto Genoma Humano. Perl foi fortemente utilizada para gerenciamento e manipulação dos dados do Projeto Genoma Humano devido a sua versatilidade em lidar com grandes quantidades de texto. Ou talvez pelo fato de Perl ser uma linguagem simples e flexível, que pode ser aprendida rapidamente. Se você tem um problema e precisa resolvê-lo com Perl "existe mais de uma maneira de fazer isso". Eis o mantra do Perl!

Apesar da palavra Perl não ter uma definição específica, Larry Wall, seu autor, passou a adotar o acrônimo *Practical Extraction and Report Language* ou, na tradução literal para o português, *Linguagem Prática de Extração e Relatório*.

Neste livro abordaremos também a biblioteca BioPerl. BioPerl contém uma série de códigos para lidar com dados biológicos. Todavia, podemos considerar que as principais vantagens em se utilizar a Perl são as funções nativas da linguagem, como por exemplo, os comandos para lidar com expressões regulares, que serão abordados com profundidade durante este manuscrito. Por esse motivo optamos por destacar a própria linguagem Perl no título deste livro, e não a biblioteca BioPerl, em contradição ao primeiro livro da série em que demos destaque à biblioteca Biopython.

Nos próximos capítulos você verá como Perl pode facilmente domar o *big data*. Se você ainda não conhece nenhuma linguagem de programação poderá rapidamente aprender a desenvolver alguns *scripts* em Perl. Se você já tem algum conhecimento em programação irá poder dominar essa linguagem em pouco tempo, e assim, compreender o verdadeiro significado de uma linguagem de programação de aprendizado rápido. Por fim, acreditamos que você verá como Perl é uma linguagem fantástica!

A quem se destina este livro?

Este livro se destina a profissionais de diversas formações que aspiram se tornar bioinformatas, como biólogos, geneticistas, biomédicos, microbiologistas, físicos, químicos e até mesmo a profissionais de tecnologia da informação. Esse livro se destina a todo aquele que quer se aventurar no universo da Bioinformática e deseja ter um guia para seus primeiros passos na programação para Bioinformática utilizando a linguagem Perl.

Assim, tentaremos explicar de maneira simples e didática os princípios básicos de programação através da linguagem Perl. Em seguida, aprenderemos o básico do uso da biblioteca BioPerl para análise de dados biológicos.

Como este livro está organizado?

Na primeira parte apresentaremos os conceitos básicos da linguagem Perl. Sugerimos que se atente ao capítulo 8, em que será apresentado o conceito de expressões regulares. Na segunda parte, apresentaremos a biblioteca BioPerl e demonstraremos algumas funções básicas, como: manipulação de sequências de proteínas e DNA, análise de resultados de BLAST e de arquivos de estruturas de proteína no formato PDB.

Se você leu o primeiro livro da série, *Introdução a programação para Bioinformática com Biopython*, talvez já possa pular para o capítulo 1, mas caso este seja o primeiro livro da série que está lendo, veja a seguir alguns conceitos fundamentais.

Por que aprender a programar na Bioinformática?

Programar ajuda a aperfeiçoar o raciocínio lógico, as habilidades analíticas e, acima de tudo, programar **é muito divertido!** Você pode não achar isso uma verdade agora, mas vamos ver se sua opinião não mudará após desenvolver um programa que resolva um problema.

Bom, se você ainda não se convenceu de que programar é importante, lembre-se que uma das razões para o surgimento da Bioinformática é a grande quantidade de dados produzidos pelos equipamentos modernos, como Sequenciadores de Próxima-Geração. Analisar esses dados manualmente demandaria um grande tempo.

Alguns autores da área acreditam que os conhecimentos em programação não são fundamentais para bioinformatas, afinal há uma grande gama de programas para Bioinformática já desenvolvidos, cabendo ao bioinformata apenas saber utilizá-los. Em parte, discordamos disso! Saber como programar é importante, mas acreditamos que talvez não seja necessário ter um conhecimento avançado da área. Muitas vezes o bioinformata enfrentará problemas em que um simples *script* que ordena dados ou que busca um padrão específico poderá resolver. Saber como desenvolver esse *script* pode ser a chave para resolver o problema rapidamente.

Lembre-se que a Bioinformática é uma área vinculada tanto a Ciência da Computação quanto a Biologia, logo cabe ao bioinformata ter conhecimentos em ambas as áreas. E dominar uma linguagem de programação com precisão é um recurso que pode ser determinante para explicar ou não um problema biológico.

Por fim, se você espera encontrar dicas avançadas de programação, este talvez não seja um livro indicado para você. Mas se quer um livro que lhe indique um caminho para a programação na Bioinformática - pegue uma xícara de café e seus fones de ouvido, escolha uma música que lhe dê concentração, abra seu editor de textos e divirta-se codificando. Vamos lá?

O que são programas de computadores?

Programas de computadores (*software*) são conjuntos de instruções escritos através de uma linguagem de programação, que serão executadas ou interpretadas por um processador ou máquina virtual para realização de uma determinada tarefa.

Como exemplo de algumas funcionalidades básicas que programas devem realizar podemos citar: (i) **entrada de dados**: o programa deve receber dados do teclado, de arquivos ou de algum outro dispositivo de entrada; (ii) **saída de dados**: o programa deve mostrar dados na tela (imprimir) ou enviar dados para um arquivo ou algum outro dispositivo de saída; (iii) **realizar cálculos**: um programa deve poder executar operações matemáticas, como adição, divisão, subtração e multiplicação; (iv) **executar comandos condicionais**: um programa deve poder executar certos trechos do código apenas se eles se adequarem a determinadas condições descritas também no código; e (v) **repetição**: um programa deve poder executar determinadas ações repetidamente, podendo também aplicar variações às ações executadas.

Processadores (CPU) executam programas em linguagem binária: uma linguagem composta unicamente dos números 0 e 1. Entretanto, acredito que seria impossível ou pelo menos improdutivo (nunca diga "impossível") escrevermos programas em binário, por isso utilizamos as chamadas linguagens de alto nível para codificar.

Linguagens de programação de alto nível, como PHP, C, C++, C#, Java, JavaScript (não é a mesma coisa do que Java), Python e Perl possuem uma sintaxe próxima da nossa linguagem natural, em geral, na língua inglesa. Um exemplo é o comando "*print*", encontrado em quase todas as linguagens de programação. O comando "*print*" imprime na tela alguma mensagem especificada pelo programador.

Muitas funções são similares em diversas linguagens. Assim, se você já conhece uma determinada linguagem e começa a desenvolver em outra, você conseguirá facilmente escrever alguns programas, mesmo nunca tendo escrito nenhum código naquela linguagem. Linguagens de programação são como idiomas. Se você fala português, provavelmente conseguirá entender algumas palavras em espanhol, mesmo sem nunca ter escutado essa língua, e poderá até mesmo arriscar algumas frases, que apesar de você não ter a fluência da língua, poderão ser entendidas por um cidadão nativo de um país que fala a espanhol. Entretanto, o mesmo não ocorrerá se você tentar falar chinês. Há linguagens bastante parecidas, mas também há linguagens com grandes diferenças.

A seguir, alguns conceitos básicos que você provavelmente irá ler neste livro.

Conceitos básicos

Algoritmo: define-se como uma série de passos para que se possa resolver um problema computacionalmente tratável em tempo finito.

Hardware: é a parte física de um computador: placas, processadores e componentes eletrônicos em geral.

Software: é a parte lógica de um computador, um programa de computador que segue um determinado algoritmo, e que pode ser executável ou interpretável.

Script: conjunto de comandos organizados em um arquivo de texto e que será analisado por um interpretador ou por um compilador. Perl será executado neste livro através de *scripts*.

Função: como o próprio nome já diz é um trecho do código que tem uma função específica, podendo receber variáveis e retornar informações processadas. Linguagens de programação já possuem funções nativas, o que permite que o programador execute ações sem ter que escrever o algoritmo básico. Entretanto, programadores podem construir suas próprias funções, o que auxilia na organização do código. Em Perl, funções são conhecidas como sub-rotinas.

Sub-rotinas: em Perl são funções. Podem ser criadas pelo usuário utilizando a palavra reservada *sub*.

Interpretador: constitui num programa de computador que recebe um comando único ou *script* e os converte em linguagem de máquina para que possam sem processados pela CPU (unidade central de processamento, ou simplesmente processador).

Paradigmas: representação de um padrão; metodologia.

Iteração: sinônimo de repetição.

Indentação: estruturação e organização do código. Derivada do inglês *indent*.

Diretório: sinônimo a pasta.

Abstração: na computação pode-se compreender abstração como uma representação simples que explique todo um processo.

Programação estruturada (PE): método de programação em que o código é estruturado de maneira simples em três partes: sequência, decisão e iteração. A PE pode ser vista como uma programação linear, uma vez que os códigos são executados sequencialmente.

Programação orientada a objetos (POO): na programação orientada a objetos, o código é organizado por classes, que instanciam objetos.

Bloco: define-se bloco como um trecho de código, quase sempre delimitado por chaves "{ }", a qual todo conteúdo está vinculado ao comando inicial.

```
sub exemplo_de_bloco {

    # Comandos que pertencem a uma sub-rotina

}
```

Conseguindo um editor de textos/IDE

Se você leu o livro anterior desta série sabe que para programar precisará de uma IDE ou de pelo menos um editor de textos. Usuários do Linux podem utilizar o editor nativo (*gedit*), que apresenta bons recursos. Para Windows, a documentação oficial do Perl recomenda o uso e instalação do *software* Padre.

Recomendamos o *software* **Sublime text** por ser simples, robusto e leve. Se escolher esse editor, sugerimos que experimente o esquema de cores "*monokai*". Esse padrão de cores permite que você programe por horas sem cansar sua visão. Sublime text é compatível com Windows, Linux e MacOS. Sublime text 2 foi utilizado para desenvolvimento dos *scripts* deste livro.

Onde conseguir: http://www.sublimetext.com

Material suplementar

Todos os *scripts* e exemplos preparados neste livro foram disponibilizados em: <https://github.com/dcbmariano/perl>. Antes de começar a leitura do próximo capítulo, acesse o diretório e faça *download* dos dados contidos nesse repositório (clique em *Download Zip*).

Padrão de nomeação dos *scripts*:

- cX_sY.pl

Como por exemplo, no *script* c1_s1.pl:

- **c1** indica que o *script* é exibido no capítulo 1;
- **s1** indica que se trata do primeiro *script* exibido no capítulo.

Alguns *scripts* apresentados neste livro poderão resolver de maneiras diferentes uma mesma tarefa. Isso foi feito propositalmente para que você possa aprender que Perl permite que um problema seja resolvido de diversas formas. Perl dá ao programador uma grande liberdade para decidir como construir seus *scripts* sem considerar se essa forma é certa ou errada. Entretanto, é importante que programadores não se esqueçam de boas práticas de programação, como inserção de comentários e indentação de código.

Parte 1
Introdução à programação com Perl

1. Introdução ao Perl

Perl é uma linguagem de programação de alto nível, gratuita, bastante utilizada em aplicações CGI para web, de tipagem dinâmica, estruturada, com suporte a orientação a objetos, multi-plataforma, que foi desenvolvida principalmente para manipulação de *strings*.

Perl apresenta recursos que facilitam a manipulação de textos, o que faz dela uma linguagem ideal para o desenvolvimento rápido de *scripts* e para realização de diversas tarefas. Perl deriva-se da linguagem de programação C, além de outras linguagens como sed, awk e shell script. Além disso, Perl influenciou outras linguagens, como PHP, Ruby, JavaScript e Python.

Perl é uma linguagem com baixa curva de aprendizado, que a tornou bastante popular para desenvolvedores *web*, administradores de sistema e bioinformatas.

Página oficial: https://www.perl.org
Criador: Larry Wall
Surgiu em: 1987

1.1 História

Perl foi desenvolvida por Larry Wall em 1987. Larry, que tivera sido um linguista anos antes, criou Perl com o objetivo de desenvolver uma linguagem de programação que soasse "natural".

Larry trabalhou em projetos secretos para a NSA (*National Security Agency*, a Agência de Segurança Nacional dos Estados Unidos). Mais tarde, quando gerenciava a configuração de um *link* entre redes encriptadas, Larry teve que lidar com uma grande quantidade de dados textuais com informações que não faziam muito sentido. Assim, Larry desenvolveu uma linguagem capaz de "navegar" por esses arquivos, encontrar informações úteis e produzir relatórios.

> **"Somente quando eu comecei a trabalhar na linguagem Perl me dei conta da existência de muitos princípios que fazem uma língua soar natural, e alguns desses princípios podem ser ensinados para os computadores sem os enlouquecer".**
>
> Trechos ditos pelo próprio Larry Wall extraídos de uma entrevista publicada no livro "Conceitos de Linguagens de Programação" (Sebesta, 2009).

1.2 Por que o símbolo do Perl é um camelo?

A editora O'Reilly, famosa por publicar livros sobre linguagens de programação, costuma selecionar animais para a capa de seus livros. Para publicação do primeiro livro sobre Perl, o camelo foi escolhido. Questionado sobre esse fato, Larry Wall afirmou ser uma ótima escolha. Nas palavras de Larry, Perl era como o camelo, feio e lento, mas apenas com alguns goles d'água o camelo pode atravessar todo um deserto.

1.3 Como Perl funciona?

Alguns autores definem que Perl não é uma linguagem nem compilada e nem interpretada, apresentando um método de funcionamento um pouco particular. Perl age como uma linguagem interpretada, mas que compila os dados. Entretanto, diferente das linguagens compiladas, Perl mantém os dados armazenados na memória e não gravados separadamente em um executável, o que permite uma execução eficiente.

Programas em Perl podem ser escritos através de *scripts*. *Scripts* podem ser compreendidos como arquivos de texto com instruções na linguagem. Assim, o interpretador/compilador "perl" irá ler, converter o código em linguagem de máquina e enviá-lo para que o processador possa executá-lo. Para criar programas em Perl você não precisa necessariamente escrevê-los em *scripts*. É possível utilizar comandos diretamente por linha de comando, entretanto isso não será focado neste livro.

1.4 O que é o CPAN?

Assim como outras linguagens, Perl permite o uso de códigos construídos por outros usuários, chamados de módulos. Os módulos contêm conjuntos de sub-rotinas com diversas funcionalidades, o que permite que o programador tenha acesso a diversas funcionalidades desenvolvidas anteriormente.

CPAN (*Comprehensive Perl Archive Network*, ou na tradução para o português "Rede de Repositórios Perl") é um repositório onde estão armazenados módulos de *software* em Perl e suas respectivas documentações. O CPAN ainda possui um programa que permite a instalação automática e simples de módulos para o Perl.

O CPAN está disponível em: <http://www.cpan.org/>.

1.5 Instalando Perl

Linux e MacOS:

Nos sistemas operacionais Linux ou MacOS, em geral, Perl vem instalado por padrão. Para utilizá-lo, abra o terminal e execute o comando "perl" seguido pelo nome de um *script* ou de um comando simples em Perl. Caso obtenha qualquer problema, a última versão do Perl pode ser obtida em: <https://www.perl.org/get.html>.

Windows:

O site oficial recomenda a instalação Perl recomenda o uso do editor/IDE Padre. Abaixo faremos a instalação passo-a-passo do Perl no Windows 7:

1. Antes de fazer a instalação verifique se Perl não está instalado em sua máquina:
   a. Clique no menu iniciar, busque por "cmd" e clique no programa "cmd.exe".

b. Na tela do *prompt* de comando digite: "perl –v". Se obtiver como resposta uma mensagem informando que "perl" não é reconhecido, Perl não está instalado.

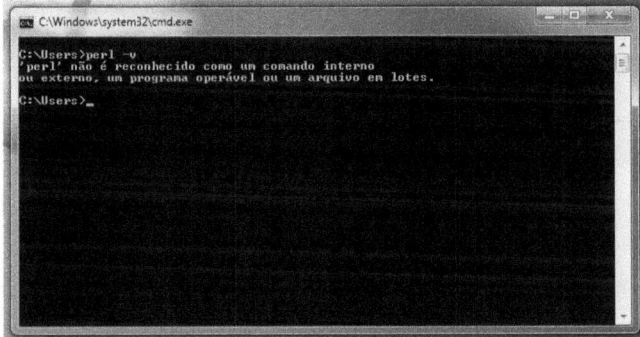

2. Faça o *download* da última versão da IDE Padre, que pode ser obtida em <http://padre.perlide.org/>.
3. Abra o arquivo de instalação baixado (padre-on-strawberry-VERSÃO.exe) e autorize que o arquivo possa fazer alterações no computador.

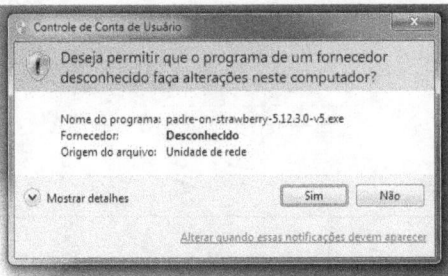

4. Nos próximos passos faremos a instalação da IDE Padre e o Strawberry Perl para Windows. Clique no botão "*Next*" para seguir para próxima tela.

5. Selecione um diretório a qual será feita a instalação. Reco-
    mendamos manter o endereço indicado pelo instalador, entre-
    tanto caso seja necessário altere o local clicando em
    "*Browse...*". Clique em "*Next*".

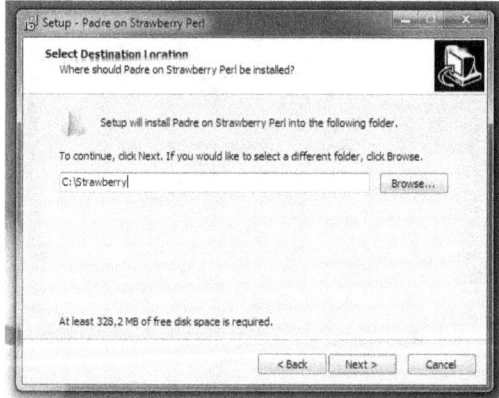

6. Defina o nome do atalho que será salvo no menu iniciar. Cli-
    que em "*Next*".

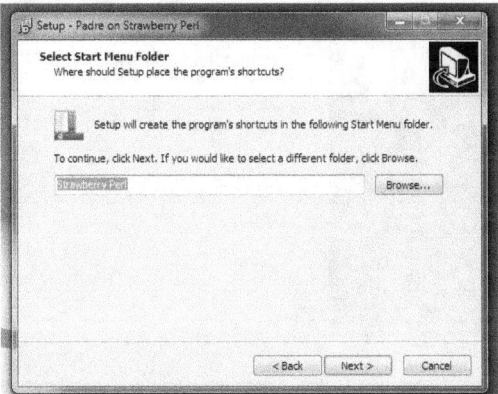

7. Agora clique no botão "*Install*" para iniciar a instalação.

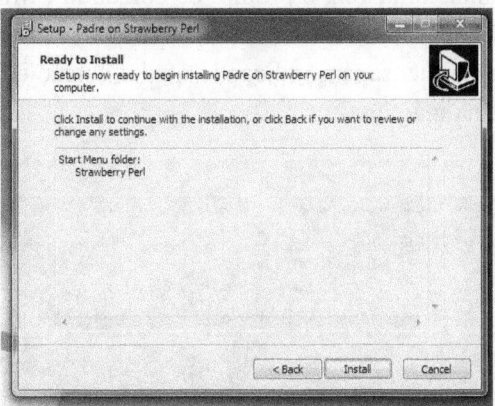

8. Se você obteve a tela exibida abaixo, sua instalação foi concluída com sucesso. Clique no botão "*Finish*".

9. Reinicie seu computador.

10. Abra mais uma vez, o prompt de comando CMD, e mais uma vez digite "perl –v". Se não houve nenhum problema, você verá uma mensagem indicando qual a versão do Perl está instalada na máquina.

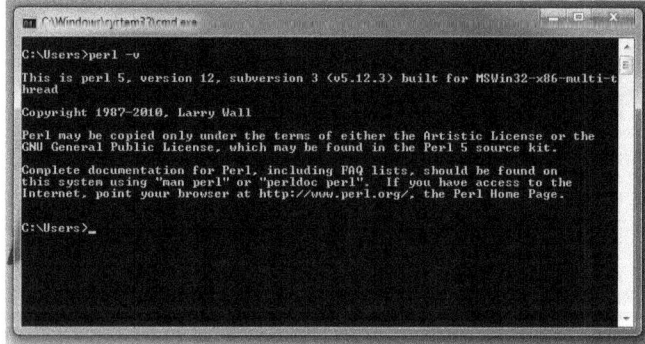

11. Para executar qualquer *script* em Perl, abra o CMD e digite *perl* seguido do nome do *script*.

Método alternativo para Windows

Você pode ainda optar por instalar o ActivePerl. O ActivePerl possui um gerenciador de pacotes que fornece uma interface gráfica e facilita a instalação de novos módulos, como o BioPerl.

Para realizar a instalação, faça o *download* da última versão em <http://www.activestate.com/activeperl> e instale.

1.6 *Hello World*, Perl!

Agora, vamos criar nosso primeiro *script* na linguagem Perl. Usando um editor de códigos crie um novo arquivo em branco. Caso tenha optado pelo Sublime Text, no menu *View*, vá até a opção *Syntax* e altere para *Perl*. Digite:

```perl
print "Hello world!\n";
```

Salve o arquivo com o título "hello.pl" na área de trabalho (*desktop* ou mesa). Evite inserir espaços ou caracteres especiais no título do arquivo, assim é recomendável substituir espaços pelo caractere *underline* "_". A terminação de um arquivo de *script* em Perl deve ser ".pl".

Agora vamos executar o *script*: vá até o terminal (Linux/MacOS) ou o *prompt* de comando (Windows). Navegue até a pasta onde está o *script* (se não sabe como fazer isso, confira as dicas logo abaixo).

Dicas (navegando em pastas pelo terminal/*prompt*):

1. Para entrar em uma pasta utilize o comando "cd nome_da_pasta".

2. Para voltar à pasta anterior utilize "cd ..".

3. Utilize o comando "pwd" para saber em que pasta está.

---

4. Utilize o comando "ls" (Linux/MacOS) ou "dir" (Windows) para listar todos os arquivos e pastas presentes no diretório atual.

5. **Exemplo**:

   a. se está usando Windows, abra o *prompt* pelo menu iniciar (digite "cmd");

   b. o *prompt* será executado na raiz do usuário (confira digitando *pwd* e pressionando *enter:* será exibido algo como "/users/nome_usuario" ou "C:/users/nome_usuario");

   c. agora digite *cd Desktop* (ou *cd Área de trabalho*) e depois *enter*;

   d. digite ls (Linux/MacOS) ou dir (Windows) e confira se o arquivo "hello.pl" está presente no diretório.

Agora, execute o *script* no terminal com o comando:

```
perl hello.pl
```

Será exibida em sua tela a seguinte mensagem:

```
Hello World!
```

PARABÉNS! Você acaba de criar o seu primeiro programa em Perl! Você utilizou o comando *print* para imprimir as informações contidas entre aspas. Observe que ao final da frase, ainda dentro das aspas, existem dois caracteres que não são impressos: "\n". A expressão "\n" indica que uma quebra de linha deverá ser impressa. Por fim, linhas de comando em Perl devem ser encerradas com um ponto e vírgula.

1.7 Comentários

Comentários são trechos de códigos que não serão lidos, ou seja, regiões de comentários serão ignoradas na hora da execução. Eles são extremamente importantes para organização e documentação do código, ou seja, servem para explicar a função de um determinado trecho de código e para passar diversos tipos de informações, caso outros programadores precisem alterar seu código, ou até mesmo você no futuro.

Em Perl, linhas comentadas iniciam com o caractere "#".

Abra o arquivo "hello.pl" e vamos editá-lo:

```
# Imprime a frase 'Hello world!'
print "Hello world!\n";

# Fim do programa
```

Comentários também podem ser utilizados de maneira funcional, por exemplo, para indicar, em sistemas operacionais UNIX, onde está localizado o interpretador/compilador utilizado.

```
#!/usr/bin/perl -w
```

No exemplo acima, os caracteres "#!" foram utilizados para indicar o endereço do interpretador Perl. Por exemplo, em um sistema Linux, se o endereço do interpretador estiver correto, o código acima pode ser executado com os comandos "./nome_do_script.pl" ao invés de "perl nome_do_script.pl". Entretanto, talvez seja necessário dar permissões de execução para o *script*. Para isso, execute no terminal o comando "chmod +x nome_do_script.pl". Lembre-se de conferir se está no mesmo diretório do *script*. O parâmetro –w permite que o interpretador avise sobre possíveis erros e sequências duvidosas.

Em geral, o uso de comentários funcionais é opcional, logo não os utilizaremos nos exemplos apresentados neste livro. Deixamos a cargo de vocês decidir utilizá-los ou não.

Lembre-se: comentários facilitam na legibilidade do código. Bons programadores sempre comentam seus códigos.

1.8 Variáveis e tipos de dados

Variáveis são estruturas que permitem o armazenamento de dados na memória. Pense em uma variável como se fosse uma caixa em que se pode guardar uma determinada informação e que poderá ser utilizada a qualquer momento. Por exemplo, no seu primeiro programa você utilizou a função *print* para imprimir a frase "*Hello world*!", entretanto você foi obrigado a inserir a frase na mesma linha do comando. E se por algum motivo aquela informação fosse inserida antes do comando *print*? Vamos editar mais uma vez o nosso programa para que a frase fique armazenada em uma variável chamada "$frase".

```
# Minha primeira variavel

my $frase;

$frase = "Hello world!\n";

# Imprime a variavel frase

print $frase;

# Fim do programa
```

Em Perl, variáveis devem ser declaradas através do comando "my $nome_da_variavel". Toda variável deve ter seu nome iniciado com o caractere $.

O nome da variável deve ser escolhido de acordo com o programador, entretanto recomenda-se que o nome tenha alguma relação com o tipo de dados contido nela. Nomes de variáveis também são *case sensitive*, ou seja, uma variável chamada "$frase" é diferente de uma variável chamada "$Frase" ou "$FRASE". Além disso, nomes de variáveis não podem conter caracteres especiais, não devem conter espaços (caso necessário utilize *underline* "_") e não pode começar com um número.

Seria possível criar a variável apenas digitando o nome dela, seguido do operador de atribuição "=". E em seguida, imprimi-la com o comando *print* seguido do nome da variável sem o uso de aspas. Apesar de ser fortemente recomendado, a declaração da variável com o comando "*my*" é opcional.

Variáveis em Perl são escaláveis, ou seja, podem conter quaisquer tipos de dados, e podem ser facilmente alteradas sem que isso cause qualquer problema na execução do código.

Variáveis podem ter diversos tipos, dentre os mais comuns destacam-se variáveis textuais que armazenam sequências de caracteres (*strings*), números inteiros (*int*) e números flutuantes (*float*).

Tipo de variável	Característica	Exemplo de declaração
string	Representam cadeias de caracteres. Devem ser declarados sempre entre aspas simples ou duplas.	$variavel = "Isto eh uma string";
int	Tipo de variável que representa números inteiros.	$variavel = 1;

float	Variável que permite números decimais.	$variavel = 1.993;

Note que se declararmos uma variável como igual a "1" ($*variavel* = *"1"*), essa seria uma variável do tipo *string*. Enquanto uma variável declarada como: $*variavel* = *1*, seria uma variável do tipo *int*. E uma variável declarada como: $*variavel* = *1.00*, seria uma variável do tipo *float*.

Além disso, existem tipos de variáveis que poder armazenar em listas grandes quantidades e diferentes tipos de dados: os *arrays* e as *hashes*. Veremos nos capítulos posteriores como essas estruturas de dados funcionam.

1.9 Indentação de código

Blocos são estruturas que delimitam conjuntos de instruções. Recomenda-se que comandos presentes em blocos devam ser indentados, ou seja, organizados por um espaçamento no início da linha, em geral, dado pela tecla *tab* (ou por uma série de espaços).

Observe abaixo um exemplo de como um código deve ser indentado. Neste exemplo, uma sub-rotina que recebe parâmetros e executa comandos é declarada. Nos próximos capítulos explicaremos detalhadamente o que são sub-rotinas e parâmetros. Observe que os parâmetros são declarados na sub-rotina dentro de parênteses. Em seguida, o bloco é declarado através de chaves. Tudo que estiver entre a abertura ({) e o fechamento das chaves (}) pertencerá ao bloco. Observe o espaçamento inserido antes da declaração dos comandos. Esse espaçamento auxilia na identificação de que os comandos estão vinculados ao bloco.

```
Sub-rotina (parâmetro){

    Comando1;

    Comando2;

}
```

Diferente de Python, em Perl a indentação do código não define como ele será executado. Assim, podemos afirmar que Perl não requer obrigatoriamente que o código esteja indentado para ser executado. A indentação é utilizada apenas para organização do código. Entretanto, indentá-lo é uma boa prática de programação.

```
Sub-rotina (parâmetro){ Comando1; Comando2; }
```

O bloco acima funcionaria da mesma forma que exemplo anterior. Entretanto, escrever um código dessa forma fere as metodologias de boas práticas de programação. Recomendamos profundamente que você não faça isso!

1.10 Operações matemáticas

Operações matemáticas através da linguagem Perl podem ser realizadas de maneira simples, utilizando **operadores aritméticos**, como por exemplo:

- soma (+);
- subtração (-);
- multiplicação (*);
- divisão (/);

- módulo (%);
- potenciação (**);

Perl apresenta quase todos os mesmos operadores aritméticos presentes na linguagem C. No exemplo abaixo, vamos realizar uma operação de soma. Para esse exemplo, crie um novo arquivo chamado *soma.pl*.

```perl
my $A;
my $B;
my $SOMA;

# Realizando uma soma com Perl
# Recebe o primeiro numero
$A = 2;

# Recebe o segundo numero
$B = 3;

# Realiza a soma
$SOMA = $A + $B;

# Exibe resultado na tela
print $A;
print "+";
print $B;
print "=";
print $SOMA;
```

Nesse exemplo, recebemos duas variáveis: uma chamada $A e outra chamada $B. Em seguida criamos uma terceira variável que **recebe** a soma de $A e $B. Por fim, exibimos o resultado na tela. Note a diferença em se utilizar o comando *print* para imprimir variáveis e *strings*. Não há problema em utilizá-lo várias vezes seguidas, entretanto em breve aprenderemos um modo mais prático para se exibir resultados.

Além desse método é possível inserir os valores numéricos diretamente na variável $SOMA, assim:

```
$SOMA = 2 + 3;
```

Da mesma forma, é possível efetuar outras operações matemáticas como: subtração, divisão e multiplicação. É possível também intercalar operações matemáticas e isolá-las utilizando parênteses. Veja:

```
my $OPERACAO;

# Subtracao: 5 menos 3, igual a 2
$OPERACAO = 5 - 3;
print $OPERACAO."\n";

# Multiplicacao: 2 vezes 3, igual a 6
$OPERACAO = 2 * 3;
print $OPERACAO."\n";

# Divisao: 4 dividido por 2, igual a 2
$OPERACAO = 4 / 2;
print $OPERACAO."\n";

# Expressao: 5 menos 3, vezes 2 vezes 3, dividido por
# 4 dividido por 2, o resultado sera 6
$OPERACAO = (5 - 3) * (2 * 3) / (4 / 2);
print $OPERACAO."\n";
```

Observe que no exemplo apresentado, a variável $OPERACAO armazenará diferentes valores. Isso ocorre porque a variável utilizada em todas as operações tem o mesmo nome. Logo, ao final de cada operação matemática, o resultado obtido substitui o resultado anterior armazenado em $OPERACAO.

Perl permite ainda que você faça conversões de tipos numéricos. Por exemplo, se você tem uma variável do tipo *float* é possível convertê-la para o tipo *int*:

```
my $valor_pi = 3.14;

# arredondando pi
my $valor_pi_arredondado = int($valor_pi);

print $valor_pi_arredondado; # 3
```

O mesmo é válido caso queira converter uma variável do tipo *int* para *float* (utilize a função *float($variavel)*). Ou até mesmo para converter um valor numérico em *string* (utilize a função *str($variavel)*).

Determinando se um número é par ou ímpar

Pode parecer estranho, mas em programação é extremamente relevante em alguns casos determinar se um número é par ou ímpar. Para isso é possível utilizar o operador módulo (%). O operador módulo determina o resto de uma divisão. Assim, para descobrir se um número é par ou ímpar pode-se aplicar o módulo por dois. Veja:

```
my $num = 10;
my $resto = num % 2;
print $resto; #0
```

O resto da divisão de 10 por 2 é zero, logo a variável $num armazena um número par. Se $num fosse igual a 11, o resto da divisão por 2 seria 1, e assim, seria possível descobrir que o número é impar.

Incrementação e decrementação

Perl permite a incrementação e decrementação de variáveis numéricas através dos operadores "++" e "--".

```
++$A;        # Soma um a $A e depois retorna o valor
$A++;        # Retorna o valor de $A e depois soma um
--$A;        # Diminui um de $A e depois retorna valor
$A--;        # Retorna o valor de $A e depois diminui um
```

Operações de incrementação permitem que uma dada variável numérica tenha seu valor aumentado em um número, enquanto nas operações de decrementação há a subtração de um número.

```
my $num = 10;

print ++$num."\n"; # sera impresso 11
print --$num."\n"; # sera impresso 10
print $num++."\n"; # sera impresso 10
print $num--."\n"; # sera impresso 11
```

É possível também incrementar ou decrementar uma variável em dois ou mais valores.

```
my $num = 10;
$num += 2;
print $num."\n"; # sera impresso 12
$num -= 2;
print $num."\n"; # sera impresso 10
```

Operações de incrementação e decrementação são importantes para gerenciamento de contadores. Aprenderemos mais sobre isso nos próximos capítulos.

Resumo de operações matemáticas
$A = 2 + 2;   # Realiza uma soma e armazena o resultado (4) em $A
$A = 10 - 4;   # Realiza subtração e armazena o resultado (6) em $A
$A = 7 * 8;   # Realiza multiplicação e grava o resultado (56) em $A
$A = 10 / 2;   # Realiza divisão e grava o resultado (5) em $A
$A = 2 ** 3;   # Eleva dois ao cubo e armazena o resultado (8) em $A
$A = 7 % 2;   # Divide 7 por 2 e armazena o resto (1) em $A

1.11 Recebendo valores digitados pelo usuário (*input* de dados)

Já aprendemos a fazer operações matemáticas, entretanto da forma que foi apresentado, os valores numéricos precisaram ser inseridos diretamente no código fonte de nosso programa. Perl, assim como outras linguagens de programação, permite que o usuário interaja com o programa, enviando dados durante a execução sem a necessidade de visualizar o código fonte. Para fazer isso podemos utilizar o comando STDIN. Vamos testar esse comando utilizando o exemplo de números pares e ímpares:

```perl
# Recebe um numero digitado pelo usuario
print "Digite um numero: ";
my $num = <STDIN>;
my $resto = $num % 2;
print "Seu numero eh: ";
print $num;
print "\nO resto da divisão por 2 eh: ";
print $resto."\n";
```

Observe que STDIN está entre os sinais de maior e menor "< >". Em Perl, esses sinais são conhecidos como **operadores diamante**, e são responsáveis por indicar que o *script* deve receber dados naquele ponto.

Ao digitar um valor deve-se pressionar a tecla ENTER para que o programa receba a entrada do usuário e prossiga sua execução. Contudo, Perl registra a tecla ENTER digitada como uma quebra de linha e insere o caractere especial "\n" ao final.

Para solucionar esse problema foi criada a função *chomp*. A função *chomp* remove o caractere especial "\n" se esse estiver no final dos dados inseridos na entrada.

```
# Funcao chomp
print "Digite seu nome: ";
my $nome = <STDIN>;

print "Ola $nome, tudo bem com voce?";
# Sera impresso "Ola nome_digitado
# , tudo bem com voce?"

# Corrigindo o problema
chomp($nome);
print "\nOla $nome, tudo bem com voce?\n";
# Sera impresso "Ola nome_digitado, tudo bem com voce? "
```

1.12 Comando *use*

O comando *use* permite o carregamento de módulos para Perl. Módulos armazenam conjuntos de códigos que permitem a realização de diversas tarefas.

Perl também fornece meios para alterar seu comportamento padrão, como por exemplo através do carregamento dos chamados **pragmas**.

Por exemplo, os comandos *"use scrict"* e *"use warnings"* permitem o carregamento e ativação desses pragmas, que por sua vez permitirão a captura de erros em seu código, que poderão ajudá-lo a preveni-los. Enquanto um problema capturado por *"use strict"* fará com que seu programa seja imediatamente interrompido, o comando *"use warnings"* enviará avisos ao usuário e o código continuará sendo executado. Recomendamos o uso desses comandos ao início de cada *script*.

```
use strict;
use warnings;
```

1.13 Operadores relacionais e lógicos

Até o momento aprendemos sobre operadores matemáticos, entretanto existem diversos outros tipos de operadores, como por exemplo, os operadores relacionais e lógicos.

Operadores relacionais são utilizados para comparações. Em comandos condicionais podem ser utilizados para detectar se uma determinada condição é verdadeira ou não.

Operadores relacionais	
Operador	**Significado**
==	Verifica se uma variável numérica é **igual** a outra.
>	Verifica se uma variável numérica é **maior** que outra.
<	Verifica se uma variável numérica é **menor** que outra.
>=	Verifica se uma variável numérica é **maior ou igual** a outra.
<=	Verifica se uma variável numérica é **menor ou igual** a

	outra.
!=	Verifica se uma variável numérica é **diferente** de outra.
<=>	Realiza comparação numérica.
cmp	Permite diversos tipos de comparações entre *strings*. Retorna um numeral inteiro: -1 para *strings* menores, 0 para *strings* iguais e 1 para *strings* maiores. Observe que quando dizemos que uma *string* é maior ou menor que outra estamos falando na posição em que são listadas caso sejam ordenadas alfabeticamente. Na verdade a ordenação é dada pelo código ASCII, mas falaremos disso mais tarde.
eq	Verifica se uma variável textual (*string*) é **igual** a outra.
ne	Verifica se uma variável textual (*string*) é **diferente** de outra.
lt	Verifica se a ordenação de uma variável textual (*string*) é **inferior** a outra.
gt	Verifica se a ordenação de uma variável textual (*string*) é **superior** a outra.
le	Verifica se a ordenação de uma variável textual (*string*) é **inferior ou igual** a outra.
ge	Verifica se a ordenação de uma variável textual (*string*) é **superior ou igual** a outra.
.	Operador de concatenação de *strings*.
=~	Busca padrões em *strings*. Veremos mais no capítulo sobre expressões regulares.

!~	Similar a "=~", entretanto verifica se o padrão não for encontrado.
=	Operador de atribuição. Válido para dados de quaisquer tipos.

Diferente de outras linguagens, Perl diferencia operadores de comparações numéricas de operadores de comparações entre textos (*strings*). Perl foi desenvolvida para processar grandes quantidades de texto. Veremos nos próximos capítulos como processar *strings* e buscar padrões com expressões regulares.

Observe que o operador "=" não é um operador relacional e sim um operador de atribuição, entretanto foi inserido nessa lista para compará-lo com o operador "==" (igual a).

Operadores lógicos podem ser utilizados para testar duas ou mais condições ao mesmo tempo.

Operadores lógicos		
and	&&	Conector "e": valida se duas condições são verdadeiras.
or	||	Conector "ou": valida se pelo menos uma das condições é verdadeira.
!		Equivalente a "não". Válida se é falso.

O operador *and* executa o bloco condicional se as duas condições são verdadeiras, enquanto o operador *or* executa o bloco condicional se pelo menos uma das operações for verdadeira. Compreenderemos melhor a importância dos operadores lógicos e relacionais no próximo capítulo: "comandos condicionais".

2. Comandos condicionais

Aprendemos no capítulo anterior como determinar se um número é par ou ímpar utilizando o operador módulo, entretanto seria possível avisar ao usuário se um determinado número digitado é par ou ímpar? Sim, isso é possível através dos comandos condicionais *if, elsif* e *else*.

2.1 Comandos if e else

O comando *if* (na tradução literal para o português "se") realiza testes condicionais, permitindo que blocos de comando sejam executados caso uma condição testada seja comprovada. Uma vez que todos os testes sejam realizados e nenhum for comprovado, o bloco de dados da instrução *else*, quando declarado, é executado.

Podemos compreender então que os comandos condicionais analisam se uma determinada condição imposta é verdadeira ou falsa, e permitem que decisões diferentes sejam tomadas de acordo com os dados validados. Observe o exemplo:

```
#Titulo: par_ou_impar.pl
#Funcao: determinar se um numero eh par ou impar

# Recebe um numero digitado pelo usuario
print "Digite um numero: ";
my $num = <STDIN>;
my $resto = $num % 2;

# Testa se o numero eh par ou impar
if ($resto == 0){
        print "O numero digitado eh par.\n";
}
else{
        print "O numero digitado eh impar.\n";
}
```

Para comparar o valor presente na variável $resto foi necessário o uso do operador relacional "==". Nesse exemplo, verificamos se o resto da operação é igual a zero. Caso for, o programa informa que o número digitado é par. Caso não for, o programa informa que o número digitado é ímpar.

2.2 Comando elsif

Diferente de outras linguagens de programação, que usam o *else if* ou *elif*, em Perl, blocos condicionais encadeados são aninhados através da palavra reservada *elsif*. O comando *elsif* permite que uma nova condição seja testada caso a condição anterior não tenha sido validada, e assim permite que sejam utilizados quantos testes forem necessários.

```
#Titulo: if_elsif_else.pl
#Funcao: determinar se um numero eh positivo ou negativo

# Recebe um numero digitado pelo usuario
print "Digite um numero: ";
my $num = <STDIN>;

if ($num == 0){
        print "Numero igual a zero.\n";
}
elsif ($num > 0){
        print "Numero maior que zero.\n";
}
else{
        print "Numero menor que zero.\n";
}
```

O *script* apresentado anteriormente recebe um número digitado pelo usuário, e a seguir, faz três comparações: (i) se o número é igual a zero; (ii) se o número é maior que zero; e (iii) se nenhuma das condições anteriores foi atendida, ou seja, o número é menor do que zero.

Entretanto, esse *script* apresenta um erro grave. O que aconteceria se o usuário não digitasse um número? A resposta é que o programa exibiria a mensagem indicando que o número é igual a zero. Isso ocorre pois Perl comparará a *string* como se fosse uma variável numérica nula.

Ao desenvolver um programa, o programador deve sempre prever possíveis erros dos usuários e tratá-los antes que ocorram. A seguir vamos corrigir o nosso *script* para que caso um número não seja digitado o programa seja interrompido.

Para isso vamos utilizar o módulo de avisos. Declarando o comando *"use warnings;"* em qualquer ponto antes das comparações, o *script* enviará ao usuário uma mensagem ao usuário indicando que uma variável não numérica está sendo comparada com uma numérica, entretanto o *script* ainda será executado. Usando o comando *"use warnings FATAL => qw(numeric uninitialized);"*, forçamos o *script* a retornar um erro fatal caso uma variável textual seja utilizada em comparações numéricas. Lembre-se que para comparar *strings* deve-se utilizar o operador "eq".

```
#Funcao: determinar se um numero eh positivo ou negativo
use warnings FATAL => qw( numeric uninitialized );

# Recebe um numero digitado pelo usuario
print "Digite um numero: ";
my $num = <STDIN>;

if ($num == 0){
        print "Numero igual a zero.\n";
}
elsif ($num > 0){
        print "Numero maior que zero.\n";
```

```
}
else{
        print "Numero menor que zero.\n";
}
```

2.3 Organização de condições com parênteses

No exemplo a seguir pediremos que o usuário digite sua idade e em seguida tentaremos decidir se o usuário pode votar ou não.

```
use warnings;
print "Digite sua idade: \n";
my $idade = <STDIN>;

if (($idade > 0) and ($idade < 16)){
        print "Voce nao pode votar!\n";
}
elsif ((($idade >= 16)and($idade < 18))or($idade >= 70)){
        print "Voto opcional!\n";
}
elsif (($idade >= 18) and ($idade < 70)){
        print "Voto obrigatorio!\n";
}
else{
        print "Idade invalida!\n";
}
```

Observe que inicialmente recebemos a idade do indivíduo através do operador STDIN. A seguir verificamos se o indivíduo possui mais de que 0 e menos de que 16 anos. Veja como os parênteses são utilizados para organizar o código: há parênteses delimitando as condições "(idade >= 0)" e "(idade < 16)", e um par parênteses que delimita a interligação entre as duas condições "((idade >= 0) and (idade < 16))" localizados nas extremidades do comando *if*.

Observe que na condição a seguir são utilizados três parênteses no início. As condições "((idade >= 16) and (idade < 18))" só serão válidas se o valor presente em idade atender a ambas. O comando condicional ainda seria válido se "(idade >= 70)", devido ao uso do operador "*or*".

Ao final utilizamos o comando *else* para imprimir uma mensagem caso o usuário digite algum valor que não seja um número inteiro positivo. Um bom código deve prever possíveis erros de execução pelo usuário e imprimir mensagens de aviso.

2.4 Construindo uma calculadora

Agora que aprendemos a utilizar comandos condicionais, podemos utilizá-los junto aos operadores matemáticos e construir uma aplicação um pouco mais avançada: uma calculadora.

Primeiramente devemos pensar: o que nossa calculadora deve fazer?

Vamos definir o algoritmo do programa. Nosso *script* deve:

1. Exibir mensagens ao usuário;

2. Receber dois números digitados pelo usuário e a operação requisitada;

3. Informar que nossa calculadora deve fazer apenas operações de (1) soma, (2) subtração, (3) divisão e (4) multiplicação;

4. Realizar as operações matemáticas;

5. Exibir o resultado na tela.

```
# Calculadora

my $num1;
```

```perl
my $num2;
my $operador;
my $operacao;

print "CALCULADORA";
print "\n\n";

print "Digite o primeiro numero: ";
chomp($num1 = <STDIN>);
print "\n";

print "Digite a operacao desejada: \
1 para soma \
2 para subracao \
3 para divisao \
4 para multiplicacao: ";

chomp($operador = <STDIN>);
print "\n";

print "Digite o segundo numero: ";
chomp($num2 = <STDIN>);

# Determinando qual o operador foi utilizado
if ($operador == 1){
        $operacao = $num1 + $num2;
}
elsif ($operador == 2){
        $operacao = $num1 - $num2;
}
elsif ($operador == 3){
        $operacao = $num1 / $num2;
}
elsif ($operador == 4){
        $operacao = $num1 * $num2;
}
else {
        print "Operador invalido. Digite 1, 2, 3 ou 4.";
}
```

```perl
print "\n";
print "Resultado: ";
print $operacao;
print "\n";
```

Observe que inicialmente recebemos os valores digitados pelo usuário nas variáveis $num1 e $num2. A função *chomp* é chamada diretamente quando o programa recebe as entradas de dados para remover quebras de linhas. Recebemos também uma variável $operador e definimos que ela pode ter os valores 1 para soma, 2 para subtração, 3 para divisão e 4 para multiplicação. Definimos valores numéricos, pois se inseríssemos os símbolos das operações ("+", "-", "*" e "/") poderíamos ter problemas com caracteres especiais. A seguir, utilizamos os comandos condicionais para avaliar a variável $operador e definir qual a operação foi requisitada. O comando *if* foi utilizado apenas na primeira condição, em seguida, os comandos *elsif* foram utilizados, indicando dependência de que condições anteriores não tenham sido cumpridas. Por fim, utilizamos o comando *else* para avaliar se nenhum dos requisitos anteriores for cumprido.

Durante todo o código, o comando *print "\n"* foi bastante utilizado para formatar as informações exibidas ao usuário. Use quebras de linha sempre que necessário.

3. Strings

Strings são estruturas utilizadas para representar letras, palavras ou textos em geral, ou seja, cadeias de caracteres. Caracteres são símbolos utilizados para representar linguagens textuais na computação. Na prática cada letra de nosso alfabeto, símbolo de pontuação e acentuação, além de outros símbolos especiais como "\n" (quebra de linha), podem ser representados como caracteres.

A tabela ASCII (*American Standard Code for Information Interchange* ou na tradução para o português "Código Padrão Americano para o Intercâmbio de Informação") provê uma padronização para que caracteres sejam convertidos para um mesmo código binário, e assim, compreendidos da mesma forma por todos os tipos de computadores. Por exemplo, o caractere "a" tem código decimal ASCII 97, enquanto seu código binário é 01100001.

Você não precisa decorar os códigos da tabela ASCII, mas é importante saber que Perl utiliza essa codificação para ordenação de *strings*. Por exemplo, o caractere "b" tem código decimal 98. Dessa forma Perl sabe que *strings* começadas com o caractere "a" devem ser ordenadas antes de *strings* que iniciam com o caractere "b".

Em Perl, uma variável do tipo *string* somente é definida como *string* na declaração através de aspas simples ou aspas duplas. Na prática isso quer dizer que uma variável declarada como $var = "1" ou $var = '1' será considerada do tipo *string*, enquanto se declarada como $var = 1, será considerada do tipo inteiro.

Strings são muito importantes em programas para Bioinformática, sobretudo para o tratamento de sequências, tanto de nucleotídeos quando de aminoácidos.

3.1 Diferença entre aspas simples e aspas duplas

Perl permite que *strings* declaradas com aspas duplas sejam pré-processadas, ou seja, é possível inserir caracteres especiais ou até mesmo interpolar textos com variáveis.

Perl interpreta *strings* declaradas com aspas simples como texto puro, ou seja, qualquer caractere especial ou variável serão desprezados.

```perl
my $animal = "rato";
my $personagem = "rei";
my $cidade = "Roma";

# Aspas simples
print 'O $animal roeu a roupa do $personagem de $cidade.\n';
print "\n";

# Aspas duplas
print "O $animal roeu a roupa do $personagem de $cidade.\n";
print "\n";
```

Veja que o comando *print* utilizado com aspas simples exibe a frase: "O $animal roeu a roupa do $personagem de $cidade.\n". Enquanto, com aspas duplas a frase foi exibida corretamente: "O rato roeu a roupa do rei de Roma.".

Na prática, variáveis declaradas com aspas simples tendem a ser processadas um pouco mais rápido, entretanto perde-se as vantagens do uso de aspas duplas, além de que caso for necessário imprimir variáveis será preciso concatená-las às *strings*.

3.2 Concatenação de *strings*

Concatenação ou junção de *strings* refere-se ao ato de unir duas ou mais *strings* em uma única. Para concatenar *strings* deve-se utilizar o operador ".". Veja:

```perl
my $nucleotideo1 = "A";
my $nucleotideo2 = "T";
my $nucleotideo3 = "C";
my $nucleotideo4 = "G";

# Concatenando pares
my $par1 = $nucleotideo1.$ nucleotideo2; #AT
my $par2 = $nucleotideo3.$ nucleotideo4; #CG
print "Pares: $par1 e $par2";
print "\n";
```

Nesse exemplo, as *strings* presentes nas variáveis $nucleotideo1 e $nucleotideo2 foram concatenadas e armazenadas na variável $par1. Em seguida, $nucleotideo3 e $nucleotideo4 foram também concatenadas e armazenadas em $par2. A seguir foram impressas interpoladas.

Seria possível obter o mesmo resultado utilizando aspas simples nas partes de puro texto e concatenando as variáveis com o comando:

```perl
print 'Pares: '.$par1.' e '.$par2;
```

Outra forma de concatenar é utilizando o operador ".=". Nesse caso, uma variável recebe a outra variável. Veja:

```perl
$par1 .= $par2;
print $par1; #ATCG
```

3.3 Convertendo letras maiúsculas e minúsculas

Perl possui a função **lc**, que converte os caracteres de uma *string* para minúsculo. Possui ainda a função **uc**, que realiza a tarefa oposta, transformando todos os caracteres em maiúsculo.

```
my $string = "O rato roeu a roupa do rei de Roma.\n";

print lc $string;
# o rato roeu a roupa do rei de roma.

print uc $string;
# O RATO ROEU A ROUPA DO REI DE ROMA.
```

3.4 Obtendo o tamanho de um texto

Para se obter o tamanho de uma *string*, Perl fornece a função **length**. Essa função calcula a quantidade de caracteres presentes na *string*, contando com espaçamentos.

```
my $string = "O rato roeu a roupa do rei de Roma.\n";
print length $string;
#36
```

3.5 Buscando *substrings* em uma *string*

Uma *substring* pode ser compreendida como uma parte de uma *string*. Perl oferece a função **index**, que recebe como argumento duas *strings* e retorna posição de ocorrência da segunda *string* na primeira.

Por exemplo, na frase "O rato roeu a roupa do rei de Roma.", em que posição aparece a palavra "Roma"?

```
my $string = "O rato roeu a roupa do rei de Roma.\n";

my $substring = "Roma";

print index($string,$substring); #30
```

Utilizando a função **index** podemos descobrir que a palavra "Roma" começa no caractere 30. Podemos ainda utilizar a função **length** para calcular o tamanho da *substring* e assim calcular com precisão as posições de início e fim da *substring*, que no caso seria da posição 30 à posição 33 (30: R; 31: o; 32: m; e 33: a). Lembre-se que a contagem começa do número zero.

A função **index** também pode receber um terceiro parâmetro que indicará a posição a qual a busca deve começar. Como exemplo, vamos detectar a posição da primeira palavra que comece com o caractere "r" e que apareça após o décimo caractere.

```
my $string = "O rato roeu a roupa do rei de Roma.\n";
my $substring = "r";

# Imprime a posição do primeiro caractere r apos a posicao 10
print index($string,$substring,10); #14
```

Após executar o *script* acima, descobrimos que após a posição 10, temos uma letra "r" na posição 14, entretanto não conseguimos detectar a qual palavra o caractere "r" pertence. Para isso precisamos utilizar uma função que efetue cortes em *strings*: a função **substr**.

3.6 Dividindo *strings* com a função substr

Perl permite a divisão de *strings* através da função **substr**. A função **substr** recebe como *input* (entrada) uma *string*, uma posição de início para corte e o tamanho do corte.

substr (nome da *string*, posição de início, tamanho da região cortada);

No exemplo anterior descobrimos que a palavra "Roma" se inicia no caractere 30 da *string* "O rato roeu a roupa do rei de Roma.", então vamos utilizar a função *substr* para realizar a tarefa oposta da função *index* e gravá-la em uma variável chamada $substring.

```
my $string = "O rato roeu a roupa do rei de Roma.\n";
my $substring = substr($string, 30, 4);

print $substring; # Roma
```

A função *substr* inicia sua contagem na posição 0. Com essa informação é possível realizar diversas tarefas na manipulação de *strings*. Se quiséssemos remover apenas o primeiro caractere bastaria utilizar o código:

```
my $string = "O rato roeu a roupa do rei de Roma.\n";
print substr($string, 1); #  rato roeu a roupa do rei de Roma.
```

Quando desprezamos o terceiro parâmetro (tamanho de corte), a função *substr* presume que o corte deve ser feito da posição indicada no primeiro parâmetro até o final da *string*.

É possível ainda utilizar valores negativos no terceiro parâmetro. Nesse caso, *substr* efetua o corte até a quantidade de caracteres indicada antes do fim da *string*. Por exemplo, se inseríssemos como terceiro parâmetro o valor -6 ao exemplo anterior, além de eliminar o primeiro caractere, ainda eliminaríamos da nossa *substring* os caracteres "Roma.".

```
my $string = "O rato roeu a roupa do rei de Roma.\n";
print substr($string, 1, -6); #  rato roeu a roupa do rei de
```

Nesse exemplo, definimos que nossa *substring* começará depois do primeiro caractere e irá até seis caracteres antes do final da *string*. Observe que a *substring* "Roma." possui somente cinco caracteres, então por que utilizamos o valor -6? Observe que na *string* original há um caractere especial "\n", que também é contado.

A função *substr* também pode ser utilizada para remoção de quebras de linhas indesejadas em *strings*.

```
my $string = "O rato roeu a roupa do rei de Roma.\n";

print substr($string, 0, -1);
#  O rato roeu a roupa do rei de Roma. Caractere \n removido.
```

Podemos ainda utilizar um valor negativo no segundo parâmetro (posição inicial de corte), que indicará que a posição de início será dada a partir da quantidade de caracteres apresentada antes da posição final. Por exemplo, inserindo o valor -6 como segundo parâmetro e desprezando o terceiro parâmetro, obteríamos a *substring* que aparece a seis caracteres antes do final da *string*.

```
my $string = "O rato roeu a roupa do rei de Roma.\n";
print substr($string, -6); #  Roma.\n
```

Poderíamos ainda inserir um terceiro parâmetro no e extrair apenas quatro caracteres dos seis últimos. Nesse caso, eliminaríamos da *substring* extraída o ponto final e quebra de linha.

```
my $string = "O rato roeu a roupa do rei de Roma.\n";
print substr($string, -6, 4); #  Roma
```

Podemos ainda inserir um quarto parâmetro que permitirá a substituição da *substring* extraída por uma nova *string*.

```
my $string = "O rato roeu a roupa do rei de Roma.\n";

my $substring_1 = substr($string, 2, 4, "tiranossauro");
#  rato
```

```
my $substring_2 = substr($string, 22, 5, "canela");
#  roupa

my $substring_3 = substr($string, -6, 4, "Buenos Aires");
#  Roma

print $string;
# O tiranossauro roeu a canela do rei de Buenos Aires.
```

Nesse caso, perceba que as modificações são realizadas diretamente na variável com a *string* original. Observe também que não há problema se a *string* inserida possui um tamanho maior ou menor que o tamanho da *string* substituída.

Resumo da função *substr*

```
my $string = "O rato roeu a roupa do rei de Roma.\n";

print substr($string,0,6);            # O rato

print "\n";

print substr($string,23);             # rei de Roma.

print "\n";

print substr($string,-6);             # Roma.

print "\n";

print substr($string,-13,3);          # rei

print "\n";

print substr($string,-9,-7);          # de

print "\n";

print substr($string,2,4,"cachorro"); # rato
```

```perl
print "\n";

print $string;

# O cachorro roeu a roupa do rei de Roma.
```

3.7 Comparando *strings*

No primeiro capítulo aprendemos alguns operadores para comparações de *strings*: eq (igualdade entre *strings*), ne (diferença entre *strings*), lt (verifica se uma *string* apresenta um código ASCII menor), gt (verifica se uma *string* apresenta um código ASCII maior), le (verifica se uma *string* apresenta um código ASCII menor ou igual), ge (verifica se uma *string* apresenta um código ASCII maior ou igual) e cmp (operador de comparações que retorna -1, 0 ou 1 caso a *string* apresenta um código ASCII menor, igual ou maior, respectivamente).

Quando falamos que uma *string* apresenta um código ASCII menor ou maior que outra podemos correlacionar isso com uma ordenação alfabética, por exemplo, uma *string* que começa com o caractere A é ordenada anteriormente a uma *string* começada com o caractere B, logo A é menor do que B. No exemplo a seguir, aplicaremos diversas comparações entre duas *strings* chamadas de $str1 e $str2.

```perl
my $str1 = "Alanina";
my $str2 = "Aspartato";

# Verificando se strings sao identicas
if($str1 eq $str2){
        print "Strings equivalentes\n";
}

elsif($str1 ne $str2){
        print "Strings diferentes\n";
}
```

```perl
# Verificando ordem alfabetica
if($str1 lt $str2){
        print    "\$str1    ordenada    alfabeticamente    antes    de
\$str2\n";
}

elsif($str1 gt $str2){
        print    "\$str1    ordenada    alfabeticamente    depois
de\$str2\n";
}

# Verificando ordem alfabetica (considera igualdades)
if($str1 le $str2){
        print "\$str1 eh igual ou pode ser ordenada alfabetica-
mente antes de \$str2\n";
}

elsif($str1 ge $str2){
        print "\$str1 eh igual ou pode ser ordenada alfabetica-
mente depois de \$str2\n";
}

# Comparando usando cmp
$cmp = $str1 cmp $str2;

if($cmp == -1){
        print    "\$str1    ordenada    alfabeticamente    antes    de
\$str2\n";
}

elsif($cmp == 0){
        print "\$str1 igual a \$str2\n";
}

elsif($cmp == 1){
        print    "\$str1    ordenada    alfabeticamente    depois    de
\$str2\n";
}

else {
```

```
        print "Erro na comparacao.\n"
}
```

Perl é uma linguagem formidável para manipulação de arquivos de texto. Você aprenderá mais sobre isso nos capítulos de manipulação de arquivos e de expressões regulares.

4. *Arrays*

Arrays (ou arranjos) são estruturas de dados que armazenam coleções de elementos, ou seja, armazenam uma lista de valores. *Arrays* podem armazenar variáveis de diversos tipos, como *strings*, números inteiros e flutuantes. Em Perl, *arrays* são declarados com o caractere arroba "@". No exemplo abaixo, vemos a declaração de um *array* que armazena *strings*. Os valores devem ser declarados separados por vírgula.

```perl
my @nucleotideos = ("A", "T", "C", "G");
print @nucleotideos; # ATCG
```

Arrays permitem armazenar até mesmo outros *arrays*, e assim sucessivamente.

```perl
my @nomes_nucleotideos= (
        "Adenina",
        "Timina",
        "Citosina",
        "Guanina"
);

my @nucleotideos = ("A", "T", "C", "G",@nomes_nucleotideos);

print "@nucleotideos ";
# A T C G Adenina Timina Citosina Guanina
```

Para imprimir um *array* basta chamar o comando *print* indicando como parâmetro o *array*. Observe que o comando *print* imprime os resultados em seguida. Inserindo o *array* entre aspas, um espaçamento é inserindo entre os resultados.

4.1 Acessando elementos individualmente dentro de um *array*

É possível acessar cada elemento de um *array* como se fosse uma variável através dos chamados índices. Para isso o índice deve ser indicado entre colchetes. O índice representa a posição em cada elemento foi declarado. Lembre-se que a contagem sempre começa pelo valor 0, ou seja, para retornar o terceiro elemento de uma lista é necessário chamar a posição [2] do *array*.

```perl
my @nucleotideos = ("A", "T", "C", "G");
print $nucleotideos[2]; # C
```

Note que para acessar individualmente cada elemento é utilizado o símbolo "$" ao invés de "@".

Arrays podem ainda ser iniciados sem qualquer valor e preenchidos durante a execução do *script*.

```perl
my @array_vazio = ();
```

Para preencher um *array* vazio é necessário o uso de uma função que permita a inserção elementos em *arrays*.

4.2 Inserindo e removendo elementos em um *array*

Dado um *array* já declarado, podemos inserir novos elementos utilizando o comando **push**. A função *push* adiciona os novos elementos ao final do *array*.

```perl
my @aminoacidos = ("Alanina","Cisteina","Aspartato");

# Inserindo um novo elemento
push(@aminoacidos, "Glutamato");

# Inserindo mais de um elemento por vez
```

```
push(@aminoacidos, "Fenilalanina","Glicina","Histidina");

print "@aminoacidos ";
# Alanina Cisteina Aspartato Glutamato
# Fenilalanina Glicina Histidina
```

Para remover o último elemento de uma lista podemos utilizar a função **pop**. A função *pop* não apenas remove o elemento da lista, mas também o retorna.

```
my @aminoacidos = ("Alanina","Cisteina","Aspartato");
my $ultimo_elemento = pop(@aminoacidos);

print "Elemento removido: $ultimo_elemento\n";
# Aspartato

print "Nova lista: @aminoacidos\n";
# Alanina Cisteina
```

4.3 Contando o número de elementos em um *array*

Podemos contar a quantidade de elementos de um *array* atribuindo-o a uma variável escalar. Veja:

```
my @aminoacidos = ("Alanina","Cisteina","Aspartato");

# Retorna o tamanho do array
my $numero_de_elementos = @aminoacidos;
print $numero_de_elementos; # 3
```

4.4 Convertendo *arrays* em variáveis escalares

Atribuindo um *array* a uma variável escalar obtemos o seu tamanho, entretanto se o *array* for declarado entre aspas, todos os seus elementos serão separados em ordem por um espaçamento e convertidos em *string*. Veja:

```perl
my @aminoacidos = ("Alanina","Cisteina","Aspartato");

# Retorna o tamanho do array
my $numero_de_elementos = @aminoacidos;

# Converte array em uma variavel escalar
my $conteudo_array = "@aminoacidos";
print "O array \@aminoacidos possui $numero_de_elementos ele-
mentos. Sao eles: $conteudo_array.\n";

# O array @aminoacidos possui 3 elementos.
# Sao eles: Alanina Cisteina Aspartato.
```

Observe que foi utilizada uma barra invertida antes da variável @aminoacidos. A barra invertida antes do símbolo de arroba indica ao Perl que o caractere a seguir não deve ser processado e sim impresso como um simples caractere. Assim o texto "@aminoacidos" é impresso ao invés do conteúdo do *array*.

4.5 Outras operações para manipulação de *arrays*

É possível ainda realizar outras operações para manipular *arrays*, como por exemplo remover os primeiros elementos e extrair partes do *array*.

```perl
my @aminoacidos = ("Alanina","Cisteina","Aspartato");

# Recebe os dois primeiros elementos de @aminoacidos
(my $um, my $dois) = @aminoacidos;
print $um."\n"; # Alanina
print $dois."\n"; # Cisteina

# Atribui duas variaveis de uma vez
(my $um_copia,my $dois_copia) = ($um, $dois);
```

```perl
print $um_copia."\n"; # Alanina
print $dois_copia."\n"; # Cisteina

# Armazena o primeiro elemento em uma variavel
# e o resto em outro array
(my $primeiro,my @outros_elementos) = @aminoacidos;
print $primeiro."\n"; # Alanina
print "@outros_elementos\n"; # Cisteina Aspartato

# Extrai parte dos aminoácidos (de 0 ate 1)
my @alguns_aminoacidos = @aminoacidos[0..1];
print "@alguns_aminoacidos\n"; # Alanina Cisteina
```

4.6 *Hashes*

Conhecidas também como *arrays* associativos ou dicionários, *hashes* podem ser definidas como estruturas de dados que apresentam chave e valor. Diferente dos *arrays* que permitem a associação de variáveis escalares com posições numéricas, h*ashes* permitem a vinculação de uma *string* única a um valor.

Em Perl, *hashes* devem ser declaradas precedidas do caractere "%". Os elementos de uma *hash* devem ser declarados separados por vírgula e devem possuir a seguinte estrutura: "chave" => "valor".

```perl
# Vinculando um aminoacido a uma letra
my %aminoacidos = ("A" => "Alanina", "C" => "Cisteina");

print $aminoacidos{"A"}; # Alanina
```

Observe que para acessar o valor de um elemento presente em uma determinada *hash* é necessário chamá-la como se fosse uma variável escalar (ou seja, precedida do símbolo "$") e adicionar entre chaves "{}" o nome da chave identificadora.

No exemplo acima imprimimos o valor relativo a chave "A", ou seja, "Alanina". Lembre-se que dentro de uma *hash* devemos ter chaves únicas, ou seja, no nosso exemplo podemos ter diversos valores chamados "Alanina", mas apenas uma chave chamada "A".

4.7 Inserindo e removendo elementos em uma *hash*

Para inserir novos elementos a uma *hash* é necessário declarar uma nova variável escalar, com o mesmo nome da *hash* e com uma chave que seja única.

Para remover elementos de uma *hash* utilize a palavra reservada **delete** seguida do nome da *hash* (iniciado com $) e o valor da chave que deseja apagar. No exemplo a seguir, vamos inserir uma nova chave "D", cujo valor será "Aspartato", e remover a chave "C", cujo valor é "Cisteina".

```
my %aminoacidos = ("A" => "Alanina", "C" => "Cisteina");

$aminoacidos{"D"} = "Aspartato";
print %aminoacidos; #DAspartatoCCisteinaAAlanina
print "\n";
delete $aminoacidos{"C"};
print %aminoacidos; #DAspartatoAAlanina
```

Observe que a chave "D" e o valor "Aspartato" foram inseridos na *hash*, entretanto a impressão está desconfigurada. Nos próximos capítulos aprenderemos mais sobre como iterar sobre *hashes* e *arrays*.

4.8 Obtendo-se o tamanho de uma *hash*

Para obter-se o tamanho de uma *hash* podemos contar a quantidade de chaves utilizando a palavra reservada **keys**. A palavra reservada *keys* permite o acesso às chaves da *hash*.

Nesse caso, o comando "$tamanho = keys %aminoacidos;" gravaria na variável $tamanho a quantidade de chaves presentes na *hash* %aminoacidos. Uma outra forma de fazer isso seria utilizando a palavra reservada **scalar**. Lembre-se que Perl permite que tarefas sejam feitas de diversas maneiras.

```
my %aminoacidos = ("A" => "Alanina", "C" => "Cisteina");
print scalar keys %aminoacidos;
```

4.9 Inserindo *arrays* como valores em uma *hash*

Hashes permitem que quaisquer tipos de variáveis sejam inseridos como valores, inclusive *arrays*. Para acessá-los é necessário imprimir a *hash* como uma variável escalar informando a posição da chave e a posição do vetor.

```
my %aminoacidos = (
        polares => ["Aspartato","Glutamato"],
        apolares => ["Alanina","Cisteina"]
);

print $aminoacidos{polares}[0]; # Aspartato
print $aminoacidos{apolares}[1]; # Cisteina
```

Nesse exemplo imprimimos o primeiro elemento do array armazenado na chave "polares". Note que não é obrigatório declarar a chave entre aspas.

4.10 Extraindo listas de chaves e valores

É possível extrair chaves e valores armazenados em uma *hash* e gravá-las em *arrays*. Para isso utilizamos a palavra-chave **keys** (chaves) e a palavra-chave **values** (valores).

```perl
my %aminoacidos = (
        polares, ["Aspartato","Glutamato"],
        apolares,["Alanina","Cisteina"]
);

my @tipos = keys %aminoacidos;
my @aminoacidos = values %aminoacidos;

print "\nTipos: @tipos";
print "\nAminoacidos: @aminoacidos";
```

Observe como a *hash* %aminoacidos foi declarada: cada chave seguida por seu determinado valor.

Observe também que ao imprimir o *array* @aminoacidos, que armazena os valores de %aminoacidos, obtemos como resultado: "ARRAY(0x7fa3f18060e8)" e "ARRAY(0x7fa3f182eac8)". Isso é exibido porque o *array* @aminoacidos armazena um outro *array*. Para visualizar esses resultados é necessário utilizar o módulo *Dumper*, ou então, iterar sobre os resultados, o que aprenderemos mais a frente.

4.11 Ordenando *arrays*

Para ordenar *arrays*, Perl fornece a função **sort**. A função *sort* permite a ordenação por código ASCII de elementos presentes em um *array*.

```perl
my @aminoacidos = (
        "Cistenia","Serina","Valina",
        "Alanina","Fenilalanina","Glutamato"
);
my @aminoacidos_ordenados = sort @aminoacidos;

print "@aminoacidos_ordenados\n";
# Alanina Cistenia Fenilalanina Glutamato Serina Valina
```

O código ASCII de uma mesma letra maiúscula e minúscula é diferente, o que na prática indica que a ordenação padrão da função *sort* é *case senstive*, ou seja, diferencia maiúsculas e minúsculas.

Observe que a ordenação por código ASCII é similar a uma ordenação alfabética. Entretanto, o que aconteceria se tentássemos ordenar valores numéricos?

4.12 Ordenando *arrays* numéricos

Números também estão representados na tabela ASCII. Entretanto, a função *sort* compara cada casa decimal individualmente. Isso quer dizer na prática que valores numéricos terão uma ordenação mais próxima à alfabética do que à numérica.

Por exemplo, o valor "1" é menor do que "2", logo se ordenados ficariam nas posições corretas. Entretanto, se nessa lista ainda existisse o valor "10", ele seria inserido entre "1" e "2", pois na ordenação por código ASCII o primeiro caractere é comparado primeiro, em seguida o segundo com o segundo, e assim sucessivamente. Logo, o primeiro caractere de "10" é "1", que é menor do que "2". Então pela ordenação por código ASCII, "10" vem antes de "2". Veja o exemplo a seguir:

```
# ORDENACAO POR CÓDIGO ASCII
my @numeros = (19, 1, 13, 27, 2, 4);
my @numeros_ordenados = sort @numeros;

print "Numeros nao ordenados:        @numeros\nNumeros ordena-
dos com sort:   @numeros_ordenados\n";
# Numeros nao ordenados:       19 1 13 27 2 4
# Numeros ordenados com sort:   1 13 19 2 27 4
```

Observe que o *array* numérico @numeros_ordenados não está corretamente ordenado 1, 13, 19, 2, 27 e 4. Para solucionar esse problema podemos utilizar o operador de comparação numérica "<=>".

```
# ORDENACAO NUMERICA
my @numeros = (19, 1, 13, 27, 2, 4);
my @numeros_ordenados = sort { $a <=> $b } @numeros;

print "Numeros nao ordenados:          @numeros\nNumeros ordena-
dos com sort:   @numeros_ordenados\n";
# Numeros nao ordenados:          19 1 13 27 2 4
# Numeros ordenados com sort:   1 2 4 13 19 27
```

Dica: criando *arrays* numéricos rapidamente

Para criar um *array* numérico composto por uma grande quantidade de elementos rapidamente pode-se utilizar a seguinte sintaxe:

```
my @numbers = (1..500);
print "@numbers\n";
```

No exemplo anterior, criamos um *array* com 500 valores que vão de 1 a 500.

4.13 Ordenando *hashes*

No exemplo a seguir faremos a ordenação de uma *hash*, entretanto vamos criá-la de uma maneira diferente. Criaremos um *array* chamado @produtos. Em seguida, usando a função *push* iremos inserir duas chaves (nome e valor), e faremos inserção de três produtos (A, B e C) com distintos preços. Por fim, faremos a ordenação da *hash* com base na chave valor e iremos imprimir os resultados ordenados pelo valor.

```
my @produtos;
my @ordenados;
```

```
push @produtos, { nome => "A", valor => 7.80 };
push @produtos, { nome => "B", valor => 3.99 };
push @produtos, { nome => "C", valor => 5.58};

@ordenados  =  reverse sort { $a->{valor} <=> $b->{valor} }
@produtos;

print  join  "\n",  map  {$_->{nome}."  -  ".$_->{valor}}
@ordenados;
print "\n";
```

Observe que os valores foram ordenados corretamente do menor para o maior. Se quiséssemos ordenar decrescentemente, ou seja, do maior para o menor poderíamos utilizar a palavra reservada **reverse** antes do comando *sort*.

```
@ordenados  =  reverse sort { $a->{valor} <=> $b->{valor} }
@produtos;
```

Na impressão dos resultados apresentamos uma nova função: **join**. O comando *join* recebe uma lista de *strings* e as une através de um separador, que no exemplo foi o caractere especial "\n". Apresentamos também a função **map**. Essa função permite uma análise individual de cada elemento da lista. Observe a variável "$_". Perl define que quando um nome de variável não for especificado para receber cada elemento, a variável "$_" armazenará temporariamente os valores em questão.

4.14 Módulo Data::Dumper

Algumas vezes você se irá se deparar com *hashes* a qual não sabe exatamente seu conteúdo. O módulo Data::Dumper permite a conversão de estruturas de dados em Perl para *strings*.

```
my %aminoacidos = (polares => ["Aspartato","Glutamato"],   apo-
lares => ["Alanina","Cisteina"]);

print %aminoacidos;
# apolaresARRAY(0x8dad84)polaresARRAY(0x8dac54)

use Data::Dumper;
print Dumper %aminoacidos;
# $VAR1 = 'apolares';
# $VAR2 = [
#              'Alanina',
#              'Cisteina'
#            ];
# $VAR3 = 'polares';
# $VAR4 = [
#              'Aspartato',
#              'Glutamato'
#            ];
```

Observe que nossa *hash* chamada %aminoacidos armazena as chaves polares e apolares, e cada uma dessas chaves tem como valores um array. Se tentarmos imprimi-los com um simples comando *print*, Perl retorna que naquela posição existe um *array* (ARRAY(0x8dad84)).

Utilizando o comando *Dumper* em conjunto com o comando *print*, Perl imprimirá na tela todo o conteúdo da *hash* em forma de *string*.

A função *Dumper* permite visualizar todo o conteúdo de uma *hash* ou de um *array* sem conhecê-lo por completo. Entretanto, Perl fornece meios de "navegar" pelo conteúdo de *arrays*, analisando individualmente cada elemento. No próximo capítulo veremos outros comandos do Perl capazes de percorrer *arrays*: laços de repetição.

5. Laços de repetição

Laços de repetição, também conhecidos como laços de iteração ou simplesmente *loops*, são comandos que permitem iteração de código, ou seja, que comandos presentes no bloco sejam repetidos diversas vezes. Através de laços de repetição é possível criar programas que percorram *arrays*, analisando individualmente cada elemento, e até mesmo criar trechos de código que sejam repetidos até que certa condição estabelecida seja cumprida.

Perl possui basicamente quatro tipos de laço de repetição: **while, do... while, for** e **foreach**.

5.1 While

O laço **while** (na tradução literal para a língua portuguesa "enquanto") determina que enquanto uma determinada condição for válida, o bloco de código será executado. O laço *while* testa a condição antes de executar o código, assim sendo, caso a condição seja inválida no primeiro teste o bloco nem é executado.

```perl
# Contador $i
my $i = 0;

while($i < 10){
        print "$i "; # 0 1 2 3 4 5 6 7 8 9
        $i++;
}
```

Aqui inserimos o conceito de **contador**. Um contador auxilia na determinação de quantas vezes um laço de iteração deve ser executado. Chamamos nosso contador de $i ("i" de iteração). Nesse exemplo, iniciamos nosso contador com valor zero, a seguir o laço *while* repete todo o bloco de código enquanto $i for menor do que 10. A cada iteração imprimimos o valor de $i e ao final do código incrementamos $i em um elemento. Assim, o código se repete até $i ser igual a 10. Uma vez que isso ocorre, o código é interrompido antes do bloco ser executado. Por isso é impresso de 0 a 9. Se a incrementação não for feita o programa ficará executando eternamente. Chamamos isso de **loop infinito**.

5.2 Do... while

O laço **do... while** (na tradução literal para a língua portuguesa "faça... enquanto"), assim como o laço *while*, determina que enquanto uma determinada condição for válida o bloco de código será executado. Entretanto, *do... while* testa a condição após executar o código, assim sendo, mesmo que a condição seja considerada inválida no primeiro teste o bloco será executado pelo menos uma vez.

```perl
# Contador $i
my $i = 0;

do{
        print "$i "; # 0 1 2 3 4 5 6 7 8 9
        $i++;
}while($i < 10);
```

5.3 For

O comando **for** (na tradução literal para a língua portuguesa "para") permite que uma variável contadora seja testada e incrementada a cada iteração, sendo essas informações definidas na chamada do comando. O comando *for* recebe como entrada uma variável contadora, a condição e o valor de incrementação.

```perl
# Iteracao for
for(my $i = 0; $i < 10; $i++){
```

```
        print $i; # 0123456789
}
```

Uma outra forma de usarmos o laço *for* é declarando uma variável, seguida por dois valores da iteração (primeiro e último) entre parênteses separados por dois pontos finais. Perl incrementará o valor em um elemento a cada rodada.

```
# Iteracao for
my $i;

for $i (0..9) {
        print $i; # 0123456789
}
```

5.4 Foreach

O comando **foreach** (na tradução literal para a língua portuguesa "para cada"), diferente do comando *while*, realiza iterações sobre coleções. Sendo assim, a cada "volta" do laço, a variável definida na chamada do *foreach* assume o valor de um dos elementos da coleção. A execução do comando é finalizada quando chega ao fim da coleção ou através de um comando de interrupção, como veremos em breve.

```
my @aminoacidos = ("Alanina","Cisteina","Aspartato");
my $a;

foreach $a(@aminoacidos){
        print $a."\n";
}
# Alanina
# Cisteina
# Aspartato
```

O comando *foreach* recebe um *array* como parâmetro e aplica, a cada iteração, um elemento a uma variável pré-definida. Nesse exemplo, cada elemento do *array* @aminoacidos é aplicado a variável $a a cada repetição. O número de repetições depende da quantidade de elementos do *array* (no caso três).

Podemos ainda iterar sobre *hashes* usando *foreach*. Entretanto, é necessário um outro laço para percorrer *arrays* presentes dentro da *hash*. Veja:

```perl
my $chave;
my $i;
my %aminoacidos = (
        polares => ["Aspartato","Glutamato"],
        apolares => ["Alanina","Cisteina"]
);

foreach $chave(keys %aminoacidos){
        for $i( 0 .. $#{ $aminoacidos{$chave} }){
                print "chave: $chave\n";
                print "valor: $aminoacidos{$chave}[$i] \n\n";
        }
}
#chave: polares
#valor: Aspartato
#chave: polares
#valor: Glutamato
#chave: apolares
#valor: Alanina
#chave: apolares
#valor: Cisteina
```

Observe que o laço *foreach* percorre a lista de chaves da *hash* %aminoacidos. Cada chave é armazenada em uma variável em "foreach $chave(keys %aminoacidos){". Note que não será necessário percorrer os valores com um laço, uma vez que a própria chave é responsável por ser o índice de busca na *hash*.

Dentro da *hash* %aminoacidos existem valores que armazenam *arrays*. Assim sendo, é necessário que um novo laço percorra cada elemento do *array*. Para isso foi utilizado o laço *for*.

Observe que no trecho "for $a(0 .. $#{ $aminoacidos{$chave} }){", utilizamos uma nova forma para contar a quantidade de elementos dentro do *array*: "$#{ nome_de_um_array }". Dessa forma, o laço *for* percorre de 0 até o tamanho do array, e armazena o valor na variável contadora $i.

A variável $i é utilizada como índice na linha "print "chave: $chave\nvalor: $aminoacidos{$chave}[$i] \n\n";". Observe que para imprimir um elemento dentro de um *array* gravado em uma *hash* é necessário declarar a *hash* com o caractere "$" seguido pela chave, que no caso estava armazenada na variável $chave, e por fim seguido por colchetes e pela variável contadora "[$i]".

Observe que a primeira iteração é executada duas vezes: uma para cada chave (polares e apolares). Para cada iteração do primeiro *for*, há duas iterações em cada *array* ("Aspartato" e "Glutamato" para chave polares, e "Alanina" e "Cisteina" para a chave apolares). Assim, o comando *print* foi executado oito vezes (duas chaves vezes dois *arrays* vezes dois elementos em cada *array*).

5.5 Cláusulas *last* e *next*

Caso desejemos alterar o fluxo de execução de um laço de repetição, podemos utilizar a cláusula **last**, para interromper a execução, ou **next**, para prosseguir para a próxima iteração. Veja:

```perl
my $i;

for $i (1 .. 10){
        if($i > 5){
                last;
```

```
        }
        print $i; #12345
}
```

A cláusula *last* é o que mais se aproxima das cláusulas *break* presentes em outras linguagens, como Python por exemplo. O comando *last* define que aquela execução do laço é a última. Observe agora o comando *last* utilizado junto ao laço *while*.

```
my $i = 0;

while($i < 10){
        print $i; #012345
        $i++;
        if ($i > 5){
                last;
        }
}
```

A cláusula *next* prossegue para próxima execução do laço desprezando todos os comandos do bloco declarados abaixo. No exemplo a seguir usaremos um comando condicional *if* para verificar se o valor de $i é um numeral ímpar. Se for, o comando *next* salta para próxima execução do laço, desprezando o comando *print* logo abaixo, que imprimirá apenas os valores pares.

```
my $i = 0;

while($i < 10){
        $i++;
        if ($i % 2 == 1){
                next;
        }
        print $i; # 246810
}
```

5.6 Qual o melhor laço de repetição?

Laços de repetição devem ser utilizados de acordo com a ocasião. Recomendamos utilizar o laço *while* sempre que não soubermos a quantidade de vezes que o bloco se repetirá. O laço *do... while* pode ser utilizado no mesmo caso, entretanto *do... while* deve ser utilizado caso queremos que o código seja executado pelo menos uma vez. O laço *for* deve ser utilizado sempre que soubermos a quantidade exata de iterações que deverão ser feitas. O laço *foreach* deve ser utilizado para iterar sobre *arrays*.

Muitas vezes o uso de diferentes laços pode apresentar os mesmos resultados. Logo, o programador tem a liberdade de utilizar aquele que tiver maior confiança e facilidade.

5.7 Construindo uma calculadora usando laços de repetição

Nos capítulos anteriores aprendemos a utilizar operadores numéricos para construir uma calculadora. No exemplo a seguir, faremos algumas modificações no *script* criado anteriormente para que a calculadora faça mais do que uma operação. Para isso, vamos criar uma variável chamada $SAIR, inicialmente com o valor 0. Em seguida vamos inserir todo o resto do código dentro de um laço de repetição *while*, que repetirá o bloco enquanto $SAIR for igual a 0. Ao final do código enviaremos ao usuário uma mensagem perguntando se deseja fazer outro cálculo, ou se deseja encerrar o *script*. Caso o usuário deseje encerrar o *script*, a variável $SAIR recebe o valor 1, e o laço não se repetirá.

```
use warnings;
use strict;

# Calculadora
my $SAIR = 0;
my $num1;
```

```perl
my $num2;
my $operador;
my $operacao;
my $opcao;

while($SAIR == 0){
        print "CALCULADORA";
        print "\n\n";
        print "Digite o primeiro numero: ";
        chomp($num1 = <STDIN>);
        print "\n";
        print "Digite a operacao desejada:
        1 para soma
        2 para subracao
        3 para divisao
        4 para multiplicacao: ";
        chomp($operador = <STDIN>);
        print "\n";
        print "Digite o segundo numero: ";
        chomp($num2 = <STDIN>);

        # Determinando qual o operador foi utilizado
        if ($operador == 1){
                $operacao = $num1 + $num2;
        }
        elsif ($operador == 2){
                $operacao = $num1 - $num2;
        }
        elsif ($operador == 3){
                $operacao = $num1 / $num2;
        }
        elsif ($operador == 4){
                $operacao = $num1 * $num2;
        }
        else {
                system("clear");
                #use system("cls") para S.O. Windows
                print "Operador invalido. Digite 1, 2, 3 ou 4.
Tente novamente.\n\n§";
                next;
```

```perl
        }

    print "\n";
    print "Resultado: ";
    print $operacao;
    print "\n";

    # Questiona se o usuario deseja sair
    # ou fazer outra conta
    print "Deseja sair? (S/s) SIM ou (N/n) NAO: ";
    chomp($opcao = <STDIN>);

    if(($opcao eq "S")or($opcao eq "s")){
        $SAIR = 1;
    }

    system("clear"); #use system("cls") para S.O. Windows

}
```

Curiosamente utilizamos a função **system** para fazer a limpeza da tela. A função *system* permite que funções nativas do sistema operacional sejam executadas pelo Perl. No caso, usamos *system* para executar o comando *"clear"*, que em sistemas operacionais Linux e Mac limpa a tela. Caso utilize sistema operacional Windows, utilize o comando *"cls"*.

6. Manipulando arquivos

Manipulação de arquivos é um requisito importante para bioinformatas, seja para armazenar resultados de um determinado *script* desenvolvido ou até mesmo para receber arquivos como parâmetro em seu programa. Neste capítulo abordaremos como ler, criar e gravar arquivos em unidades de armazenamento.

6.1 Abrindo arquivos

Perl fornece a função **open** para abertura de arquivos. A sintaxe básica da função inclui o uso de um apelido para o arquivo, seguido do modo de abertura, além do nome do arquivo.

```
open(apelido, "modo de abertura", "nome do arquivo");
```

O modo de abertura refere-se a forma a qual o arquivo será aberto. Resumidamente podemos definir que há três modos de abertura: (i) somente leitura; (ii) escrita; e (iii) escrita incremental. E cada um desses modos ainda pode ser auxiliado pelo caractere "+", que permite ao modo as características de leitura e gravação.

O modo de leitura "<" permite apenas que um arquivo já existente seja aberto e lido, e só permite a gravação se for substituído pelos dois caracteres "+<".

O modo de gravação ">" ou "+>", além de permitir a leitura a gravação de informações em arquivo ainda permitem a criação de novos arquivos. Se no diretório de armazenamento já existir um arquivo com o mesmo nome, o modo de gravação irá apagar o arquivo e criar um novo arquivo vazio.

O modo de gravação incremental ">>" ou "+>>" permite a gravação em um arquivo já existente sem subscrever os dados. Permite também a criação de um novo arquivo caso não haja nenhum outro arquivo com o mesmo nome no diretório de armazenamento.

Modo	Operador	Cria novo arquivo	Deleta se o arquivo já existir
Leitura	<		
Escrita	>	x	x
Incremental	>>	x	
Leitura/Escrita	+<		
Leitura/Escrita	+>	x	x
Leitura/Escrita incremental	+>>	x	

Quando a abertura do arquivo utilizar o modo de somente leitura, o operador pode ser desprezado.

```
open(ARQUIVO_X, "arquivo_x.txt");
```

O operador também pode ser declarado junto ao nome do arquivo. No exemplo abaixo, o "arquivo_x.txt", cujo apelido é ARQUIVO_X, será aberto em modo de gravação incremental, ou seja, se o arquivo já existir seu conteúdo não será apagado, e novas informações serão acrescentadas após a última linha.

```
open(ARQUIVO_X, ">>arquivo_x.txt");
```

Ao declarar o nome do arquivo devemos ter em consideração que o arquivo deverá estar no mesmo diretório a qual se encontra o *script*. Caso não esteja, é recomendado a declaração do endereço completo do arquivo.

```
open(ARQUIVO_X, "/home/usuario/outra_pasta/arquivo_x.txt");
```

6.2 Lendo arquivos

Uma vez que um arquivo foi aberto, ele pode ser lido com o auxílio do operador <>. Há diversas formas de se ler o conteúdo de um arquivo. Uma das formas é transferir todo conteúdo de um arquivo para um *array*.

```
open(ARQUIVO_X, ">>arquivo_x.txt");
@conteudo = <ARQUIVO_X>;
```

Outra forma é utilizar um laço *while* para ler uma linha de cada vez.

```
open(ARQUIVO_X, ">>arquivo_x.txt");

while ($linha_atual = <ARQUIVO_X>){
        print $linha_atual;
}
```

6.3 Gravando em arquivos

Para gravar em arquivos basta apenas utilizar o comando *print* seguido do apelido do arquivo e da mensagem que se deseje gravar. Lembre-se da importância dos modos de leitura e gravação. Toda vez que executar o comando que abre um arquivo em modo gravação, se o arquivo já existir, o conteúdo será apagado. Se deseja que o conteúdo seja mantido, utilize o modo de gravação incremental.

```
open(ARQUIVO_X, ">>arquivo_x.txt");
print ARQUIVO_X "Nova mensagem";
```

6.4 Fechando arquivos

Após abrir e gravar em um arquivo, você deve fechá-lo. Se você se esquecer de fechar o arquivo, Perl o fechará ao final do *script*, entretanto é uma boa prática fechar o arquivo antes do fim do *script*. Para fechar um arquivo utilize o comando **close** seguido do apelido.

```
close (ARQUIVO_X);
```

6.5 Comando *die*

Se sua aplicação não possuir permissões de acesso, a abertura do arquivo pode falhar. Assim convém inserir o comando **die**, que interrompe a aplicação e mostra uma mensagem ao usuário caso a abertura do arquivo falhe.

```
open (ARQUIVO_X, ">arquivo_x.txt") or die("Falha ao abrir ar-
quivo");
```

6.6 Reconhecendo argumentos enviados na chamada de *scripts*

Muitas vezes um programador precisará desenvolver *scripts* que analisam centenas ou milhares de arquivos com arquiteturas similares. Logo, torna-se inviável editar o *script* para alterar o nome de um arquivo a ser aberto toda vez que for necessário. Perl fornece métodos para envio de informações ao *script* durante a execução.

No exemplo abaixo demonstraremos o envio de três argumentos na chamada do *script* no terminal ou CMD.

```
perl meu_script.pl argumento1 argumento2 argumento3
```

Perl recebe os argumentos através do *array* "@ARGV".

```perl
# Execute: perl c6_s1.pl argumento1 argumento2 argumento3
use strict;

my $argumento;

# Imprimindo argumentos enviados na chamada do programa
foreach $argumento (@ARGV){
        print "$argumento\n";
}
# argumento1
# argumento2
# argumento3
```

Utilizando argumentos podemos criar um programa que leia quantos arquivos forem enviados pelo usuário. Primeiro crie três arquivos de texto, com diferentes conteúdos. Chame-os de "arquivo1.txt", "arquivo2.txt" e "arquivo3.txt". Pode escrever qualquer coisa nos arquivos, entretanto na tabela abaixo há algumas frases que podem ser usadas.

arquivo1.txt	arquivo2.txt	arquivo3.txt
Olá, mundo!	Estou aprendendo Perl!	I S2 Bioinformática!

Agora vamos criar um *script* que leia quantos arquivos forem enviados. Nosso *script* deve abrir o arquivo como somente leitura, ler todas as linhas e depois fechá-lo.

```perl
use strict;

# Lendo varios arquivos
my $a;
my $linha;

# Para cada arquivo enviado como parametro:
foreach $a (@ARGV){

        print "Lendo o arquivo: $a\n";

        # Abrindo o arquivo como somente leitura
        open (ARQUIVO, $a);

        while($linha = <ARQUIVO>){
                print $linha;
        }

        print "\n\n--------- FIM DO ARQUIVO ----------\n\n";
        close(ARQUIVO);
}
```

Se você tiver utilizado os modelos de arquivos indicados, obterá como resultado a seguinte mensagem:

```
Lendo o arquivo: arquivo1.txt
Olá, mundo!

--------- FIM DO ARQUIVO ---------

Lendo o arquivo: arquivo2.txt
Estou aprendendo Perl!

--------- FIM DO ARQUIVO ---------
```

Lendo o arquivo: arquivo3.txt
I S2 Bioinformática!

--------- FIM DO ARQUIVO ----------

Tome cuidado ao imprimir arquivos muito grandes. Perl é capaz de ler uma grande quantidade de arquivo em um tempo curto, entretanto se utilizar a função *print* você reduzirá consideravelmente o desempenho de seu programa.

6.7 Lendo todos os arquivos de uma pasta

Caso a quantidade de arquivos seja grande demais para ser digitada é possível ainda utilizar as funções **opendir** para abrir um diretório e **readdir** para ler todo seu conteúdo.

No exemplo a seguir, primeiro receberemos o nome ou endereço completo do diretório que queremos ler. Em seguida, usando a função *opendir* declararemos um apelido para o diretório, e então inseriremos o nome que do diretório que será aberto. Usaremos a função *readdir* para ler cada arquivo da pasta e armazenar em um *array*. A função *readdir* recebe como parâmetro o apelido do diretório. Depois, fecharemos o diretório com a função *closedir*. Por fim, abriremos cada arquivo e faremos a leitura de seu conteúdo.

```
use strict;

my $diretorio = $ARGV[0];
opendir(diretorio, "$diretorio");

my @arquivos = readdir(diretorio);
closedir(diretorio);
```

```
my $a;
my $linha;

foreach $a(@arquivos){

        # Lendo apenas arquivos TXT
        if(substr($a, -3, 3) eq "txt"){

                print "Lendo o arquivo: $a\n";

                # Abrindo o arquivo como somente leitura
                open (ARQUIVO, $a);

                while($linha = <ARQUIVO>){
                        print $linha;
                }

                print "\n\n------ FIM DO ARQUIVO ------\n\n";
                close(ARQUIVO);
        }
}
```

Observe que, após a abertura do laço de repetição que percorre cada item presente na pasta, inserimos a linha "if(substr($a, -3, 3) eq "txt"){". Essa linha restringe a impressão de apenas arquivos com extensão "txt". Filtrar o conteúdo da pasta é muito importante, uma vez que sistemas operacionais possuem arquivos ocultos, que são úteis para o correto funcionamento do sistema, mas muitas vezes irrelevantes para nossa aplicação.

Para executar o *script* podemos utilizar as seguintes linhas de comando:

perl **nome_do_script.pl** .

Troque *nome_do_script.pl* pelo nome que você deu ao *script*. O caractere "." indica que os arquivos que desejamos ler estão no mesmo diretório do *script* executado. Caso tenha interesse em ler arquivos em outro diretório, altere o "." pelo nome do diretório. Recomendamos o uso do caminho completo do diretório. Em sistemas operacionais Linux ou MacOS deve ser parecido com: "/home/usuario/scripts/arquivos"; ou no sistema operacional Windows com: "C:/users/usuario/scripts/arquivos".

7. Sub-rotinas

Algumas vezes, programas podem se tornar tão grandes, que mantê-los, ou seja, corrigir erros, melhorar a performance do código ou criar novas funcionalidades, pode se tornar uma tarefa complicada.

Em alguns casos, certas funcionalidades de um código podem se repetir diversas vezes. Logo, qualquer alteração nesses trechos irá requerer que se altere diversas partes do código. Perl, assim como diversas outras linguagens, fornece meios para modulação de código: as **sub-rotinas.**

Sub-rotinas, também conhecidas em outras linguagens como métodos, procedimentos ou funções, são trechos de código declarados uma única vez que podem ser chamados diversas vezes durante o programa. Sub-rotinas podem aceitar parâmetros como entrada de dados, realizar processamentos e retornar dados.

Para entendermos melhor uma sub-rotina devemos imaginar como Perl processa as linhas de código, em sequência, uma linha de cada vez. Assim, uma vez que a sub-rotina tenha sido declarada, ela pode ser chamada a qualquer momento e em qualquer ponto do código após a declaração.

7.1 Criando sub-rotinas

Sub-rotinas são declaradas através da palavra reservada **sub,** seguida de um nome. Todos os comandos da sub-rotina devem estar delimitados por chaves. Convém indentar a região interna do bloco para aperfeiçoar a legibilidade, ou seja, aplicar um espaçamento tabular em cada linha de código após a abertura do bloco.

```
sub exemplo_de_sub-rotina {
        # Comandos
```

```
}
```

Todo o conteúdo presente no bloco será repetido sempre e unicamente quando a sub-rotina for **chamada**. Para chamar uma sub-rotina é necessário digitar o nome da mesma seguida ou não de parênteses.

```
# Ambas as formas de chamada funcionam igualmente
exemplo_de_sub-rotina;
exemplo_de_sub-rotina ( );
```

Em alguns casos, parênteses ajudam a melhorar a visualização do código, entretanto muitos programadores preferem não os utilizar. Em Perl, o uso de parênteses em sub-rotinas é opcional.

A documentação do Perl recomenda o uso do caractere "&" antes do nome de uma sub-rotina, mas isso também é opcional, e grande parte dos desenvolvedores em Perl prefere não adotar tais medidas.

7.2 Sub-rotinas que executam procedimentos simples

Sub-rotinas podem ser escritas para executar procedimentos simples como imprimir mensagens em determinadas ocasiões. No exemplo a seguir, faremos um laço de repetição contando de 1 a 20. A seguir verificaremos se o resto da divisão do número por cinco é zero. Se sim, a sub-rotina *multiplo_de_cinco* será chamada. Se não, a sub-rotina *nao_multiplo_de_cinco* é quem será chamada. A primeira imprime uma mensagem para o usuário indicando que o número é um múltiplo de cinco, a segunda imprime indicando que não é um múltiplo de cinco.

```
use strict;

# Detectando multiplos de cinco
my $i;
```

```perl
# Subrotinas
sub multiplo_de_cinco{
    print " (SIM), ";
}
sub nao_multiplo_de_cinco{
    print " (NAO), ";
}

print "Detectando numeros entre 1 e 20 multiplos de cinco:\n";

# Laco principal
for($i = 1; $i <= 20; $i++){

    print "$i";

    # Verifica se a divisao de $i por 5 nao tem resto
    if($i % 5 == 0){
        multiplo_de_cinco();
    }

    else{
        nao_multiplo_de_cinco();
    }

}
# 1 (NAO), 2 (NAO), 3 (NAO), 4 (NAO), 5 (SIM),
# 6 (NAO), 7 (NAO), 8 (NAO), 9 (NAO), 10 (SIM),
# 11 (NAO), 12 (NAO), 13 (NAO), 14 (NAO), 15 (SIM),
# 16 (NAO), 17 (NAO), 18 (NAO), 19 (NAO), 20 (SIM),
```

Observe que o uso de duas sub-rotinas seria desnecessário se pudéssemos enviar o valor atual e testá-lo diretamente na sub-rotina. Aprenderemos a seguir a utilizar parâmetros em sub-rotinas.

7.3 Sub-rotinas que recebem parâmetros

Sub-rotinas podem receber dados, enviados através de argumentos, como parâmetros. Para isso serão necessários dois passos: (i) envio da variável como argumento na chamada da sub-rotina; e (ii) leitura do parâmetro dentro da sub-rotina.

```
sub exemplo_de_sub-rotina{
        $primeiro_argumento = $_[0];
        $segundo_argumento = $_[1];
        $terceiro_argumento = $_[2];
        # ...
}

# Chamada
exemplo_de_sub-rotina(1948.90, "Hello", "Terceiro argumento");
```

Os parâmetros enviados podem ser de qualquer tipo, numérico ou *strings*. A sub-rotina recebe os argumentos na variável "$_". É possível acessá-los através do índice na ordem de envio.

Veja o exemplo anterior alterado para receber argumentos:

```
use strict;

# Detectando multiplos de cinco
my $i;

# Subrotinas
sub testa_multiplo_de_cinco{

        my $argumento = $_[0];

        if($argumento % 5 == 0){
                print "$argumento (SIM), ";
        }

        else{
```

```
                print "$argumento (NAO), ";
        }
}

print "Detectando numeros entre 1 e 20 multiplos de cinco:\n";

# Laco principal
for($i = 1; $i <= 20; $i++){
        testa_multiplo_de_cinco($i);
}

# Detectando numeros entre 1 e 20 multiplos de cinco:
# 1 (NAO), 2 (NAO), 3 (NAO), 4 (NAO), 5 (SIM),
# 6 (NAO), 7 (NAO), 8 (NAO), 9 (NAO), 10 (SIM),
# 11 (NAO), 12 (NAO), 13 (NAO), 14 (NAO), 15 (SIM),
# 16 (NAO), 17 (NAO), 18 (NAO), 19 (NAO), 20 (SIM),
```

Lembre-se que argumentos são enviados na chamada da sub-rotina. E essa recebe argumentos como parâmetros.

7.4 Retornando resultados

Além de receber argumentos e realizar tarefas, sub-rotinas podem retornar informações através da palavra reservada **return**.

No exemplo a seguir, a sub-rotina detectará se um número é múltiplo de cinco e retornará o quadrado desse valor. Nesse exemplo vamos utilizar duas sub-rotinas diferentes. A primeira fará o teste se o numeral recebido é realmente um múltiplo de cinco. Se for, a própria sub-rotina chamará uma outra sub-rotina para calcular o valor do numeral ao quadrado. Preste atenção nos dados retornados por ambas as rotinas.

```
use strict;

my $i;
```

```perl
my $i2;

# Subrotinas
sub testa_multiplo_de_cinco{
        my $n = $_[0];
        if($n % 5 == 0){
                my $n2 = calcula_quadrado($n);
                return $n2;
        }
        else{
                return -1;
        }
}

sub calcula_quadrado{
        my $n = $_[0];
        return $n**2;
}

print "Detectando o quadrado de numeros entre 1 e 20 multiplos
de cinco:\n";

# Laco principal
for($i = 1; $i <= 20; $i++){

        $i2 = testa_multiplo_de_cinco($i);

        if($i2 != -1){
                print "O quadrado de $i eh $i2\n";
        }

}

# O quadrado de 5 eh 25
# O quadrado de 10 eh 100
# O quadrado de 15 eh 225
# O quadrado de 20 eh 400
```

Ao executar esse *script*, Perl incialmente lê as sub-rotinas, mas sem executá-las. Em seguida, imprime uma mensagem na tela para o usuá- rio e chama a sub-rotina *testa_multiplo_de_cinco* 20 vezes, cada vez enviando um valor diferente através da variável $i. A sub-rotina *tes- ta_multiplo_de_cinco*, por sua vez, testa se o valor é múltiplo de cin- co, e se for ela chama a sub-rotina *calcula_quadrado*, que retorna o quadrado do valor enviado. Se o valor testado não for múltiplo de cinco, a sub-rotina retornará -1. A escolha de -1 foi especifica para o exemplo, pois sabemos que nenhum número elevado ao quadrado poderá obter como resultado um valor negativo. Assim, o valor retor- nado por *testa_multiplo_de_cinco* será recebido pela variável $i2, que a testará para que apenas resultados diferentes de -1 sejam exibidos.

É importante destacar que ambas sub-rotinas utilizaram variáveis com mesmo nome ($n). Assim, podemos concluir que variáveis presentes em sub-rotinas são locais, ou seja, uma variável criada em uma sub- rotina não interfere na variável criado por outra. O conteúdo de uma variável criada em uma sub-rotina pode ser acessado fora dela se for retornado através da palavra-chave *return*, e tal variável será recebida em outra sub-rotina através da variável "$_".

7.5 Variáveis globais

Entretanto existem variáveis válidas em quaisquer partes do código, inclusive dentro de sub-rotinas. São as chamadas variáveis globais (disponíveis a partir da versão 5.6.0 do Perl). Elas podem ser declara- das por meio da palavra reservada **our**.

```
use strict;

sub teste_variaveis{

        print our $i;
        $i = "Podemos modificar variaveis globais em qualquer
parte do codigo.\n";
```

```
}

our $i = "Isso eh uma variavel global.\n";

teste_variaveis();

print $i;
```

Observe que foi possível imprimir e alterar o conteúdo da variável $i dentro de uma sub-rotina sem precisar recebê-la como parâmetro, e ainda imprimir modificações sem a necessidade de retorná-la.

7.6 Palavras reservadas

Como já dito anteriormente, Perl tem uma lista de palavras reservadas que são utilizadas como operadores ou funções nativas. Tais palavras não podem ser utilizadas como nomes de sub-rotinas. Segue abaixo uma pequena lista com palavras reservadas.

alarm	chomp	chop	close
defined	delete	die	do
each	eof	eval	exists
exit	gmtime	join	keys
last	length	localtime	my
next	open	our	pack
package	pop	print	printf
push	read	redo	ref

return	scalar	shift	sleep
sort	splice	split	splintf
sub	substr	system	time
undef	unpack	unshift	wantarray
warn	while	write	x

Para acessar a lista completa acesse: <http://perldoc.perl.org/index-functions.html>.

7.7 Módulos

Falamos anteriormente que módulos agregam novas funcionalidades não nativas ao Perl. Agora que já apresentamos as sub-rotinas, podemos ter uma visão melhor sobre o que é um módulo.

Em Perl, um módulo pode ser visto como um pacote (*package*) dentro de um arquivo. Módulos armazenam diversas sub-rotinas e variáveis. Módulos foram criados para permitir o reaproveitamento de código. Assim, módulos personalizados devem ser criados quando temos sub-rotinas que podem ser aproveitadas por muitos *scripts*.

Como exemplo, vamos criar um módulo chamado *Calculadora*. Módulos devem ser salvos na extensão ".pm", logo nosso arquivo deverá ser chamado de "Calculadora.pm".

O arquivo de um módulo requer algumas informações iniciais, como: a declaração de seu nome através da palavra reservada *package*, as sub-rotinas que queremos reutilizar, e no final do arquivo, a linha "1;", para que o módulo retorne *true* (verdadeiro) quando for utilizado.

```perl
package Calculadora;

use strict;
use warnings;
use Exporter qw(import);

our @EXPORT_OK = qw(soma divisao multiplicacao subtracao);

sub soma {
  my $x = $_[0];
  my $y = $_[1];
  return $x + $y;
}

sub divisao {
  my $x = $_[0];
  my $y = $_[1];
  return $x / $y;
}

sub multiplicacao {
  my $x = $_[0];
  my $y = $_[1];
  return $x * $y;
}

sub subtracao {
  my $x = $_[0];
  my $y = $_[1];
  return $x - $y;
}

1;
```

Utilizar módulos melhora a legibilidade de seus códigos. Um módulo pode ser carregado de três maneiras distintas: usando as palavras reservadas *do*, *use* ou *require*. Por exemplo, para carregar um módulo basta apenas utilizar as linhas "use nome_do_modulo;".

Ao chamar cada sub-rotina é necessário indicar o nome do módulo seguido dos caracteres "::" e do nome da sub-rotina. Veja abaixo como seria o uso das sub-rotinas do módulo Calculadora.

```perl
use strict;
use Calculadora;

# SOMA
print "2 + 2 = ";
print Calculadora::soma(2,2);

# SUBTRACAO
print "\n10 - 7 = ";
print Calculadora::subtracao(10,7);

# DIVISAO
print "\n10 / 5 = ";
print Calculadora::divisao(10,5);

# MULTIPLICACAO
print "\n7 * 8 = ";
print Calculadora::multiplicacao(7,8);

print "\n";
```

O desenvolvimento de módulos auxilia no reaproveitamento de código, entretanto sua construção pode ser um pouco complexa. Para mais informações, consulte a documentação oficial do Perl.

8. "O guia de sobrevivência para expressões regulares em Perl"

Uma das propriedades mais poderosas da linguagem Perl é a manipulação de *strings*. Aprendemos nos capítulos anteriores a fazer algumas tarefas básicas com *strings*, entretanto nada que se compare às robustas manipulações que podem ser feitas com expressões regulares. Neste capítulo apresentamos um "guia de sobrevivência" para uso de expressões regulares. Guia de sobrevivência é uma analogia ao fato de que expressões regulares podem facilitar a busca por padrões em arquivos de maneira simples, através de poucas linhas de código, o que em alguns casos pode até lhe "salvar de enrascadas".

8.1 O que são expressões regulares?

Expressões regulares, *regex* ou ER, são técnicas para busca de padrões, extração ou substituição de cadeias de caracteres de forma concisa e flexível. Expressões regulares podem ser vistas como cadeias de caracteres que descrevem um padrão nos dados.

Nos capítulos anteriores, apresentamos algumas técnicas para comparação de *strings*, entretanto tais métodos apenas permitem comparações entre *strings* completas, sendo necessário o uso de métodos, como *substr* ou *index*, para burlar essas limitações e buscar por *substrings*.

Por exemplo, se utilizássemos expressão regular para buscar o padrão "tato" no conjunto de palavras ("alanina", "cisteina", "aspartato", "glutamato"), obteríamos como resposta as palavras "aspartato" e "glutamato", pois só elas possuem a *substring* "tato".

Expressões regulares são um método avançado para análise de *strings*. Com expressões regulares é possível realizar buscas por *substrings* em curtas cadeias de caracteres a até mesmo grandes arquivos de texto.

As expressões regulares foram regulamentadas pela norma IEEE POSIX 1003.2 (POSIX.2) através de duas especificações: BRE (expressões regulares básicas) e ERE (expressões regulares estendidas). Tais normas visaram a padronização da sintaxe de expressões regulares, além disso ainda apresentou o uso dos metacaracteres (que serão individualmente descritos posteriormente).

Perl, entretanto, apresenta métodos mais robustos que as normas POSIX. Tanto é que outras linguagens, como JavaScript, Java, Ruby, Python, e até mesmo .NET adotaram sintaxes próximas a de Perl.

8.2 Introdução a busca por padrões em Perl

Perl permite o uso de expressões regulares para detecção de padrões através do operador "=~". O operador "=~" requer que o padrão buscado seja indicado entre barras invertidas e retorna *true* (verdadeiro) caso o padrão seja encontrado. Observe:

```
my $frase = "Minha primeira busca por padroes usando Perl!";

if ($frase =~ /Perl/){
    print "Padrao 'Perl' encontrado na frase.\n";
}

if ($frase !~ /perl/){
    print "Padrao 'perl' nao encontrado na frase.\n";
}
```

Podemos ainda utilizar o operador de negação "!~" para verificar se o padrão indicado não está presente na variável analisada. A busca por padrões através dos operadores "=~" e "!~" é *case sensitive*, logo a *string* "Perl" é diferente da *string* "perl".

8.3 Buscas por padrões em arquivos

Observe o exemplo a seguir. Nele utilizaremos mais uma vez o operador "=~" para fazer buscas em um arquivo. Para este exemplo utilizaremos o "arquivo4.txt" que pode ser baixado no diretório "exemplos" em <https://github.com/dcbmariano/perl>. O "arquivo4.txt" contém anotações do plasmídeo pREB9 do organismo *Acaryochloris marina* MBIC11017 e foi obtido no GenBank. Vamos fazer uma busca por linhas que apresentem nomes de produtos expressos por genes. Veja:

```
# Execute: perl c8_s2.pl arquivo4.txt
use strict;

my $linha;

open (GBK, $ARGV[0]);

while($linha = <GBK>){

        if ($linha =~ /product=/){
                print $linha;
        }

}

#                    /product="hypothetical protein"
#                    /product="hypothetical protein"
#                    /product="hypothetical protein"
#                    /product="hypothetical protein"
```

Antes de iniciar uma busca generalizada através de um padrão de *strings* é necessário analisar manualmente o arquivo e detectar quais características definem esse padrão. Para o exemplo dado, procurávamos linhas com informações sobre nomes de produtos expressos por regiões codificadoras. Analisando o arquivo, detectamos que os nomes de produtos estavam indicados em "product=". Com isso, percebemos que esse seria o padrão que deveríamos buscar.

Através de um laço de repetição analisamos cada linha em busca do padrão "product=" utilizando o operador "=~".

```
if ($linha =~ /product=/){ # [...]
```

Nosso *script* detectou quatro linhas que apresentavam o padrão buscado.

8.4 Metacaracteres

Metacaracteres são um grupo símbolos que, individualmente ou quando combinados com outros, permitem a construção de expressões regulares mais complexas. Com metacaracteres é possível detalhar posições específicas para detecção de padrões de caracteres. Observe abaixo alguns metacaracteres.

```
. [ ] ? * + { } ^ $ \ | ( )
```

Os metacaracteres podem ser divididos em quatro grupos: representantes, âncoras, quantificadores e outros.

8.5 Metacaracteres representantes

Metacaracteres deste grupo permitem que elementos sejam associados.

Metacaractere	Nome	Significado
.	Ponto	Busca qualquer caractere simples (exceto /n).
[ ]	Lista	Busca por uma lista de caracteres indicados.
[^]	Lista negada	Busca por uma lista de caracteres NÃO indicados na lista.

Agora vamos explorar os metacaracteres representantes. Nesse exemplo, vamos criar um *array* com sete elementos. Em seguida, vamos percorrer o *array* criado buscando itens que possuam os seguintes padrões:

(i)   terminem com o caracter "i" seguido de qualquer caractere e das três letras "ina";

(ii)   possuam dez caracteres ou mais e terminem com "ina";

(iii)   tenham o caractere A;

(iv)   tenham os caracteres A, B, C, D, E ou F;

(v)   tenham os caracteres A, B, C, D, E ou G;

(vi)   sejam diferentes da *string* "Alanina";

(vii) sejam diferentes da *string* "Cisteina" e "Glutamato".

```
use strict;

my @lista = (
        "Alanina","Cisteina","Aspartato","Glutamato",
        "Fenilalanina","Glicina","Histidina"
);

my $l;

# Buscar palavras com as seguintes condicoes
```

```perl
foreach $l(@lista){

    ######################### . #########################
    # Terminem com "ina" e antes
    # tenha um caracter "i" seguido de qualquer outro
    if ($l =~ /i.ina/){
            print "i.na:\t$l\n"; # Glicina Histidina
    }


    # Tem 10 caracteres ou mais, e termina com "ina"
    if ($l =~ /.......ina/){
            print "...na:\t$l\n"; # Fenilalanina
    }


    ######################### [] #########################
    # Tenha o caractere A
    if ($l =~ /[A e]/){
            print "[A e]:\t$l\n";
            # Alanina Aspartato Cisteina Fenilalanina
    }


    # Tenham alguns dos caracteres: A, B, C, D, E ou F
    if ($l =~ /[A-F]/){
            print "[A-F]:\t$l\n";
            # Alanina Cisteina Aspartato Fenilalanina
    }


    # Tenham alguns dos caracteres: A, B, C, D, E ou G
    if ($l =~ /[A-E G]/){
            print "[A-EG]:\t$l\n";
            # Alanina Cisteina Aspartato Glutamato Glicina
    }


    ######################### [^] #########################
    # Todos diferentes de Alanina
    if ($l =~ /[^Alanina]/){
            print "[^Ala]:\t$l\n";
            # Cisteina, Aspartato, Glutamato,
            # Fenilalanina, Glicina, Histidina
    }
```

```
        # Todos diferentes de Cisteina e Glutamato
        if ($1 =~ /[^Cisteina Glutamato]/){
                print "[^CG]:\t$1\n";
                # Alanina Aspartato Fenilalanina
                # Glicina Histidina
        }

}
```

Pontos podem ser utilizados para representar quaisquer caracteres, entretanto a quantidade de pontos digitada força que a *string* buscada tenha pelo menos a mesma quantidade.

Dentro de uma lista, os elementos buscados são separados por um espaço. Para buscar um grupo sequencial de caracteres basta utilizar o caractere "-". Por exemplo, para buscar os caracteres A, B, C, D e E pode-se utilizar o padrão: [A-E].

8.6 Metacaracteres Âncoras

Apresentam símbolos que permitem buscas no início e fim de linhas/*strings*.

Metacaractere	Nome	Significado
^	Circunflexo	Busca no início de uma linha/*string*.
$	Cifrão	Busca no fim de uma linha/*string*.

Para o exemplo a seguir utilizaremos o arquivo PDB da proteína beta-glicosidase de *Bacillus polymyxa* (código 1BGA). Disponibilizamos uma cópia desse arquivo no repositório do GitHub "exemplos" com o título "arquivo5.txt". Neste exemplo vamos buscar a linha do cabeçalho e, a seguir, linhas que representem átomos de enxofre.

O primeiro passo antes de iniciarmos o *script* é ler o arquivo e tentar entender qual padrão representa as duas informações que desejamos.

Primeiro, linhas de cabeçalho começam com a *string* "HEADER", logo devemos buscar esse padrão no começo da linha. Segundo, linhas de átomos começam com a *string* "ATOM" e o tipo do átomo é definido no final da linha. O átomo de enxofre é representado pela letra "S". É importante notar que após o caractere que define o átomo há dois espaços em branco. Observe como ficaria nosso *script*:

```perl
use strict;

my $linha;

open(PDB,"arquivo5.txt");

# Percorre arquivo
while($linha = <PDB>){

    # Linhas que comecem com header
    if($linha =~ /^HEADER/){
        print "Linha com string HEADER: ";
        print $linha;
    }

    # Linhas que comecem com ATOM e tenham um S no fim
    if(($linha =~ /^ATOM/) and ($linha =~ /S  $/)){
        print "Atomo S: ";
        print $linha;
    }

    # Voce pode usar o seguinte
    # comando para detectar linhas vazias
    # if($linha =~ /^$/){
    #       [...]
    # }
```

```
}
```

Observe que se o símbolo ^ dentro de colchetes [ ] tem um significado diferente de fora. Dentro de colchetes indica que é uma lista negada, enquanto fora indica buscas no começo da linha.

Caso tenha interesse em buscar linhas vazias pode-se utilizar a expressão regular ^$.

8.7 Metacaracteres quantificadores

Os metacaracteres quantificadores indicam quantas vezes um determinado padrão de caracteres se repete. Os quantificadores são **gulosos**, ou seja, apresentam o primeiro resultado que atenda a uma requisição.

Metacaractere	Nome	Significado
*	Asterisco	Permite buscas por caracteres que aparecem várias vezes ou nenhuma vez.
?	Opcional	Permite buscas por caracteres que não apareçam ou que apareçam uma única vez.
+	Mais	Permite buscas por caracteres que aparecem várias vezes ou pelo menos uma vez.
{x, y}	Chaves	Permite buscas por um caractere que apareça no mínimo **x** vezes e no máximo **y** vezes.

O metacaractere asterisco "*" analisa se o caractere anterior ao símbolo aparece uma ou várias vezes, ou até mesmo não aparece. Por exemplo, "qwer*t" aceita os valores "*qwet*", "*qwert*", "*qwerrt*", "*qwerrrt*", e assim sucessivamente. Seu uso é ideal quando se sabe uma parte do texto buscado, mas essa parte pode apresentar variações.

O metacaractere opcional "?" analisa se o padrão buscado existe ou não. Ele é ideal para buscar, por exemplo, palavras no plural, uma vez que a diferença entre singular e plural muitas vezes é apenas uma letra "s". No exemplo a seguir, buscaremos elementos que comecem com qualquer letra entre A e G, seguido obrigatoriamente de uma letra "l" e seguido ou não de um caractere "i".

O metacaractere mais "+" analisa se o caractere anterior se repete várias vezes. Por exemplo, "baleia+" aceita "baleiaa", "baleiaaa", etc. Enquanto, os metacaracteres chaves "{mínimo, máximo}" indica o número mínimo e máximo de repetições do caractere anterior.

Observe agora o exemplo abaixo. Utilizamos metacaracteres quantificadores para analisar uma lista.

```
use strict;

# Metacaracteres quantitativos
my @lista = (
        "Alanina","Cisteina","Aspartato","Glutamato",
        "Fenilalanina","Glicina","Histidina"
);

my $l;

foreach $l(@lista){

  # * => analisa se o "u" aparece 0, 1 ou varias vezes
  if($l =~ /Glu*/){
    print "/Glu*/: $l \n"; # Glutamato Glicina
  }
```

```
# ? => possui ou nao "i" apos o caractere "l"
if($1 =~ /[A-G]li?/){
  print "[A-G]li?: $1 \n"; # Alanina Glutamato Glicina
}

# teste com + e {y,x}
if($1 eq "Histidina"){

  # teste com 2 caracteres 'a'
  $1 = "Histidinaa";

  if($1 =~ /Histidina+/){
    print "Repeticao detectada na ultima letra.\n";
    # Repeticao detectada na ultima letra.
  }

  if($1 =~ /Histidina{3,5}/){
    print "Exite entre 3 e 5 'a'.\n";
  }

  else{
    print "Numero de repeticoes menor que 3 ou maior que
5.\n";
  }

  # Numero de repeticoes menor que 3 ou maior que 5.
}

}
```

8.8 Outros metacaracteres

Esta categoria agrupa metacaracteres com funções variadas.

Metacaractere	Nome	Significado

|	Ou	Busca pelo caractere à direita ou pelo caractere à esquerda.
( )	Agrupamento	Permite a busca por grupos de caracteres.
\	Escape	Converte metacaractere em um caractere normal.

Agora observe o exemplo a seguir:

```perl
use strict;

# Outros metacaracteres

my @lista = (
        "Alanina","Cisteina","Aspartato","Glutamato",
        "Fenilalanina","Glicina","Histidina"
);

foreach my $l(@lista){

        # Testando |
        if($l =~ /Alanina|Aspartato/){
                print "|: $l\n";
        }

        # Integrando | com ()
        if($l =~ /Gl(i|u)/){
                print "(|): $l\n";
        }

}
# |: Alanina
# |: Aspartato
# (|): Glutamato
# (|): Glicina
```

O metacaractere ou "|" indica que tanto uma condição quanto outra são válidas. O metacaractere de agrupamento "()" permite uma analise mais abrangente limitada por um grupo, e assim, dá mais poder aos outros metacaracteres. No exemplo demonstrado, integramos o meta-caractere de agrupamento com o metacaractere "ou", e assim busca-mos palavras que se iniciem com "Gl" seguido de "u" ou "i".

Metacaracteres perdem suas características quando indicados com uma barra invertida antes, como por exemplo: barra vertical \|, colche-tes \[, parênteses \), asterisco *, acento circunflexo \^, arroba \@, barra \/ e até mesmo a própria barra invertida \\.

Entretanto, há caracteres especiais que ganham características quando uma barra invertida os precede:

Caracteres controle	
\n	Nova linha (LF ou NL).
\t	Tabulação
\r	Retorno (CR).
\f	*Form feed* (FF).
\e	*Escape* (ESC).
\x	Caractere com código hexadecimal representado por "hh". Uso: \xhh.
\w	Caractere alfa-numérico. Equivalente a: [a-zA-Z_]

\W	Caractere que não é alfa-numérico. Equivalente a: [^a-zA-Z_]
\d	Digito (numeral de 0-9). Equivalente a: [0-9], [0123456789] ou (0|1|2|3|4|5|6|7|8|9)
\D	Não digito. Equivalente a: [^0-9].
\s	Qualquer espaçamento (espaço, tabulação, nova linha). Equivalente a: [ ].
\S	Qualquer não espaço. Equivalente a: [^].
\b	Limite de palavra
\B	Caractere que não está no limite de uma palavra

Os metacaracteres apresentados anteriormente quando combinados podem fornecer expressões regulares mais complexas.

8.9 Variáveis especiais em expressões regulares

Perl apresenta certas variáveis especiais que permitem acesso a padrões detectados em expressões regulares.

Variável	Função
$<número>	Permite acesso a padrões detectados entre parênteses. Tais informações ficam armazenadas nas variáveis $1,

	$2, $3 e assim por diante.
$&	Armazena a *string* detectada pelo padrão.
$`	Armazena a *string* anterior ao padrão detectado.
$'	Armazena a *string* posterior ao padrão detectado.
$+	Armazena a *string* detectada no último parêntese.

8.10 Busca e substituições

Aprendemos anteriormente a utilizar buscas com o operador "=~". Agora aprenderemos a realizar buscas e substituições de padrões de caracteres de uma nova forma. Para isso utilizamos a sintaxe:

s/**string_buscada**/**string_substituição**/modificador

Onde "s" indica *search* (busca) e requer entre duas barras "//" uma *string* a ser procurada, seguida, também entre duas "//", por uma *string* que substituirá a anterior, além de um modificador, que poderá ser:

g	Substituição global. Modifica todos os elementos similares a *string* buscada. Por padrão, Perl substitui apenas o primeiro resultado.
i	Realiza buscas *case insensitive* (não difere maiúsculas de minúsculas).
m	Realiza buscas com *strings* de mais de uma linha.

s	Avalia apenas *strings* com uma linha.
x	Desconsidera espaços e comentários da avaliação.

No exemplo a seguir testaremos algumas técnicas de busca e substituição em uma frase a partir das declarações em Perl.

```perl
my $frase = "Expressões regulares, regex ou ER,
são técnicas para busca de padrões,
extração ou substituição de cadeias
de caracteres de forma concisa e flexível.
";

# Substituicao simples
$frase =~ s/ER/expressões regulares/;
print        "\n########### Substituicao        simples
###########\n".$frase;

# Case sensitive
$frase =~ s/expressões regulares/ER/;
print "\n########### Case sensitive ###########\n".$frase;

# Primeiro elemento
$frase =~ s/,/!/;
print        "\n########### Substituindo primeiro elemento
###########\n".$frase;

# Substituicao global
$frase =~ s/,/!/g;
print        "\n########### Substituindo todos os elementos
###########\n".$frase;

# Case insensitive + global
$frase =~ s/ER/expressões regulares/;

# Expressões regulares, regex ou expressões regulares,
$frase =~ s/expressões regulares/ER/gi;
print "\n########### Case insensitive ###########\n".$frase;
```

8.11 Funções *split* e *grep*

Perl ainda fornece as funções **split** e **grep**, que complementam as expressões regulares. A função *split* recebe como entrada uma *string* seguida por um delimitador, e a quebra em um *array*. A função *grep* recebe um *array* e retorna elementos que estejam de acordo com um determinado conjunto.

No exemplo a seguir utilizaremos *split* para detectar o total de palavras em uma frase (utilizaremos o caractere especial "\s" para identificar espaços separadores) e *grep* para detectar elementos de um *array* terminados com a *substring* "ato".

```perl
# Funcao Split

my $string = "Expressões regulares, regex ou ER, são técnicas
para busca de padrões, extração ou substituição de cadeias de
caracteres de forma concisa e flexível.";

my @palavras = split(/\s+/,$string);

my $numero_palavras = @palavras;

print "Detectamos um total de $numero_palavras palavras.\n";
# Detectamos um total de 23 palavras.


# Funcao grep

my @aminoacidos = (
        "Alanina","Cisteina","Aspartato",
        "Glutamato","Fenilalanina","Glicina","Histidina"
);

my @polares_negativo = grep(/ato$/,@aminoacidos);
```

```
print "polares_negativo: ";

print "@polares_negativo \n";
# polares_negativo: Aspartato Glutamato
```

8.12 Busca e substituição em arquivos por linha de comando

Perl permite o uso de comandos diretamente por linha de comando. Entretanto, neste livro optamos em utilizar *scripts* em todas as tarefas. Todavia, a busca e substituição de uma *string*, em certos casos, é uma tarefa simples que pode exigir apenas uma única linha de comando. Assim, consideramos fundamental aprender a executar buscas por padrões e substituições de *strings* via linha de comando.

No exemplo a seguir vamos alterar o "arquivo1.txt". Abra o terminal (Linux/MacOS) ou CMD (Windows). Navegue até o diretório onde estão os arquivos e execute o comando:

```
perl -p -e "s/mundo/Perl/g arquivo1.txt" > novo_arquivo1.txt
```

O comando demonstrado permite que o "arquivo1.txt" seja percorrido, todas as ocorrências da palavra "mundo" sejam substituídas por "Perl" e o resultado seja impresso (-p) através de uma linha de comando (-e) e armazenado (>) no arquivo "novo_arquivo1.txt".

Agora abra os dois arquivos e os compare. Tente também substituir todas as ocorrências da palavra "ATOM " por "ÁTOMO" no "arquivo5.txt" e salve em um novo arquivo. Lembre-se que os arquivos PDB requerem uma quantidade exata de caracteres em uma linha. Logo, se quiser substituir uma palavra de quatro caracteres por uma de cinco caracteres, inclua um espaço após a primeira palavra para que o mesmo número de caracteres seja alterado e não cause problemas nos caracteres subsequentes.

8.13 Buscas avançadas em arquivos

Com os conhecimentos adquiridos até o momento acreditamos que você já consiga compreender como funcionam buscas avançadas em arquivos. A primeira tarefa que realizaremos será refazer o *script* que extrai o produto codificado pelas CDSs presente no "arquivo4.txt". Observe:

```
# perl c8_s9.pl arquivo4.txt

open (GBK, $ARGV[0]);

while(my $linha = <GBK>){

        if ($linha =~ /product="(.*)"/){
                print "$1\n";
        }

}

#hypothetical protein
#hypothetical protein
#hypothetical protein
#hypothetical protein
```

No exemplo demonstrado, extraímos todos os caracteres (.*) presentes entre aspas duplas em linhas que contenham o seguinte padrão: */product="(.*)"*. O padrão detectado nas aspas é armazenado na variável $1. Se quiséssemos pegar a toda a *string* poderíamos utilizar a variável $&.

No próximo exemplo, além do nome do produto da CDS, vamos extrair o conteúdo do campo *"translation"*. O campo *translation* contém uma sequência de aminoácidos. Para entender melhor o que faremos precisamos analisar um trecho do arquivo que será analisado. Veja:

```
/translation="MTALAGLKWQLASVYLK

GDECHPDYGHRKVWREGLEVVMKHP

FTAISPRS"
```

O conteúdo que deve ser extraído está entre os trechos: */translation="* e *"\n* (aspas duplas seguidas de uma quebra de linha). Observe que há quatro análises que devem ser feitas:

(i) linhas que possuem o padrão */translation="sequência_de_aminoácidos"*, ou seja, linhas que o resultado do campo *translation* só ocupe uma linha;

```
/translation="MTALAGLKWQLASVYLK"
```

(ii) linhas que possuam /translation=", mas cujo conteúdo continue em outras linhas;

```
/translation="MTALAGLKWQLASVYLK
```

(iii) linhas que contenham uma sequência de aminoácidos, desde que se tenha detectado um campo *translation* anteriormente aberto, mas não fechado;

```
GDECHPDYGHRKVWREGLEVVMKHP
```

(iv)   linhas que contenham uma sequência de aminoácidos, desde que se tenha detectado um campo *translation* anteriormente aberto, não fechado, e que contenha aspas duplas no final da linha, o que indica que a linha atual fecha o campo;

```
FTAISPRS"
```

Uma informação importante que devemos levar em consideração sobre o campo *translation* é que seu conteúdo pode aparecer em mais de uma linha. Logo, precisaremos do apoio de uma variável auxiliar, que no nosso *script* será chamada de $mais_linhas. A variável $mais_linhas iniciará com o valor 0. Caso o *script* detecte que um determinado resultado possui mais de uma linha, nossa variável receberá o valor 1.

Antes de começarmos a desenvolver o *script* devemos definir os padrões de *output*. Os resultados deverão seguir o seguinte padrão: (i) uma CDS por linha; (ii) o nome do produto seguido por dois pontos e um espaço; e (iii) a sequência de aminoácidos.

Agora, observe o *script*:

```perl
use strict;

# perl c8_s10.pl arquivo4.txt
open (GBK, $ARGV[0]);

# Variaveis auxiliares
my $mais_linhas = 0;
my $translation;

while(my $linha = <GBK>){

        # Extrai o nome do produto da CDS atual
```

```perl
if ($linha =~ /product="(.*)"/){
        print "$1: ";
}

# Valida se o translation tem mais de uma linha
if($mais_linhas == 1){

        if ($linha =~ /(.*)"/){
                $translation = $1;
                $translation =~ s/\s//g;
                print $translation."\n";
                # Nao ha mais linhas:
                # zera a variavel mais_linhas
                $mais_linhas = 0;
        }

        elsif($linha =~ /\ (.*)\n/){
                $translation = $1;
                $translation =~ s/\s//g;
                print $translation;
        }

}

# resultado em 1 linha
if ($linha =~ /translation="(.*)"/){
        print "$1\n";
}

#resultado em mais de uma linha
elsif ($linha =~ /translation="(.*)/){
        $translation = $1;
        $translation =~ s/\s//g;
        # apaga espacos e quebras de linha
        print $translation;
        $mais_linhas = 1;
}

}
```

```
# hypothetical protein: MHGCIFFTSNFSIKKLSLKQLFFGTLVKSLF
# TPVAETLIFNSFLKVVRIAAFSNQFYAAIRILFQSCQIQETSSSNQALVC
# hypothetical protein: MKKLVLLFFLSIAILAGSVTISHAQTFGPVFLVEYNTD
# RQGGDIRSGFPVGNVGQCMNECASSSQCRAFTFVDVNQQPPNYNNNRPL
# CWLKRSVPGKRRNSGMITGVRQ
# hypothetical protein: MTALAGLKDAQLFANGVYSAWEWVKACDGIRWFTDGER
# RYGQELWQLASVYLKGDECHPDYGHRKVWREGLEVVMKVKGSQGNRRVEWVK
# TEHPFTAISPRSEIHANHNEAHNAALRRRCSAYRRRQNLYAKKRLGLQRVLD
# VQRLIHNWVRPHWGLSKQTTPAMEMGFCSRPLSTLELLTNKGFRYVPC
# hypothetical protein: MECPYCQSEKILKRGFDSLQDGTLVQRYQCKDCNRR
# FNERTGTPMARLRTASSVVSYAIKARTEGMGVRSAGRTFGKSHTTIMRWEKRLAD
# QAQNWSPPRTSSL
```

Observe que inicialmente extraímos os nomes de produtos de CDSs. Em seguida, analisamos se a variável $mais_linhas é igual a 1. Essa validação deve aparecer no começo do *script* devido a ordem de leitura do arquivo. Não vamos explicar essa parte ainda. Em seguida analisamos se o conteúdo do campo *translation* está em uma única linha:

```
if ($linha =~ /translation="(.*)"/){
```

Se o resultado da análise anterior for falso, analisamos se ele aparece em múltiplas linhas. Para isso basta verificar se não existem aspas duplas fechando o campo *translation*. Se essa condição for verdadeira, alteramos o valor da variável $mais_linhas para 1. Essa variável só será importante na próxima iteração. Voltemos ao início do código.

Se $mais_linhas for igual a 1, primeiro verificamos se há aspas duplas na linha. Se houver, indica que a linha atual fecha o campo, logo devemos remover quaisquer tipos de espaçamento usando uma variável temporária chamada $translation e aplicando uma técnica de substituição global que apaga espaços e quebras de linha ($translation =~ s/\s//g;) e, por fim, devemos imprimi-la. Alteramos também o valor da variável $mais_linhas para 0, a fim de impedir que esse bloco se repita na próxima linha (que não deverá conter nada relacionado ao campo *translation*). Se não houver aspas duplas, ou seja, a condição for falsa, verificamos se a linha atual se trata de uma linha central que contém apenas sequências de aminoácidos. Nesse caso, removemos os espaçamentos mais uma vez e a imprimimos.

Se tudo for executado como indicado obtemos como resultado os nomes de produtos de CDSs seguido das sequências de aminoácidos dos mesmos.

Como exercício, recomendamos que tente extrair outras informações do arquivo GenBank, como por exemplo, a posição das CDSs (campo *misc_feature*), a *locus tag* ou até mesmo tente extrair as sequências de nucleotídeos (apresentadas no fim do arquivo).

Parte 2
Introdução ao BioPerl

9. Introdução ao BioPerl

BioPerl é um conjunto de módulos e ferramentas para facilitar o desenvolvimento de aplicações para a Bioinformática utilizando a linguagem de programação Perl. BioPerl desempenhou um papel fundamental no desenvolvimento de ferramentas para analisar dados do **Projeto Genoma Humano**.

Em sua documentação oficial, BioPerl é descrito como um *kit* de ferramentas de código fonte aberto para Bioinformática utilizado por pesquisadores de todo o mundo. BioPerl faz parte dos chamados *Bio* * *projects*: projetos para o desenvolvimento de ferramentas para biologia molecular computacional em diversas linguagens de programação, como BioDAS, BioJava, BioMOBY, Biopython, BioPipe, BioRuby, BioPHP e BioSQL.

Página oficial: http://www.bioperl.org
Criador: Tim Hubbard, Jong Bhak
Surgiu em: 2002
Mantido por: Open Bioinformatics Foundation

BioPerl apresenta um conjunto de módulos para análises e anotações de sequências biológicas. Também fornece métodos para acessar bancos de dados biológicos *online*, como por exemplo, os bancos mantidos pelo NCBI (*National Center for Biotechnology Information*).

9.1 História

Os primeiros códigos do BioPerl foram desenvolvidos por Tim Hubbard e Jong Bhak em 1995 quando trabalhavam no MRC Centre Cambridge, onde foi realizado o primeiro sequenciamento genômico pelo método de Sanger. Tim era um especialista em programação Perl e criou a biblioteca "th_lib.pl" com diversas sub-rotinas para análises em Bioinformática. Jong, que era o primeiro aluno de doutorado de Tim, também havia criado sua própria biblioteca "jong_lib.pl". Por fim, Jong uniu as duas bibliotecas, e assim surgiu o BioPerl. A partir desse ponto, diversos especialistas trabalharam no aperfeiçoamento do BioPerl, entretanto somente em 2002 foi lançada a primeira versão estável. Atualmente a versão 1.6.0 é considerada a mais recente versão estável.

Para conhecer mais sobre a história do BioPerl acesse: <http://www.bioperl.org/wiki/History_of_BioPerl>.

9.2 Instalando BioPerl

O método de instalação BioPerl, em geral, envolve o CPAN, logo é bastante similar nos diversos sistemas operacionais. No sistema operacional Windows acesse o CMD em modo de administrador (busque "CMD" no menu iniciar, clique com o botão direito no ícone e vá em "abrir como administrador"). Em sistemas operacionais MacOS ou Linux acesse o terminal, entre em modo de "root" ou execute o primeiro comando inserindo "sudo" (pode ser necessário inserir a senha do administrador).

Primeiro verifique se o BioPerl já está instalado. Execute o comando:

```
perl -MBio::Perl -e 'print "BioPerl instalado.\n"'
```

Se obtiver como resultado a frase "BioPerl instalado" não é necessário seguir os passos a seguir. Caso obtenha uma mensagem de erro iniciado com: "*Can't locate Bio/Perl.pm in @INC*" será necessário realizar a instalação. Ainda no terminal abra o CPAN com o comando:

```
sudo perl -MCPAN -e shell
```

No terminal interativo do CPAN digite:

```
d /bioperl/
```

Agora verifique quais opções de instalação estão disponíveis. Agora realize a instalação com:

```
force install CJFIELDS/BioPerl-1.6.901.tar.gz
```

Verifique se o nome do pacote está disponível na lista exibida anteriormente. A seguir, a instalação exibirá algumas perguntas. A primeira pergunta se deseja instalar todos os *scripts* do BioPerl, nenhum ou se deseja escolher grupos interativamente. Instale todos pressionando "a". Em seguida, a instalação questionará se deseja realizar testes que requerem conexão com servidores na internet. BioPerl possui diversos *scripts* que requerem consultas a servidores remotos, como por exemplo, BLAST. Você pode testar essa conexão agora ou não. Para realizar uma instalação rápida, sugerimos pressionar "n" para não.

- *Install [a]ll BioPerl scripts, [n]one, or choose groups [i]nteractively? [a]*
  - o **Digite "a" e pressione *enter*.**

- *Do you want to run tests that require connection to servers across the internet (likely to cause some failures)? y/n [n] n*
  - o **Digite "n" e pressione enter.**

Se tudo der certo você verá diversas linhas. Pressione "q" para sair do CPAN e verifique novamente se o BioPerl está instalado.

Método alternativo

Execute os comandos abaixo listados:

```
perl –MCPAN –e "shell"

cpan> install Bundle::BioPerl

cpan> quit
```

Método alternativo para Windows (ActivePerl)

O método mais simples de instalação em S.O. Windows é através do gerenciador de pacotes do ActivePerl (*Perl Package Manager*), mas para isso é necessário ter o ActivePerl instalado. Se você não o possua, faça o *download* da última versão em: <http://www.activestate.com/activeperl> e faça a instalação. A seguir abra o *Perl Package Manager* (menu iniciar > todos os programas).

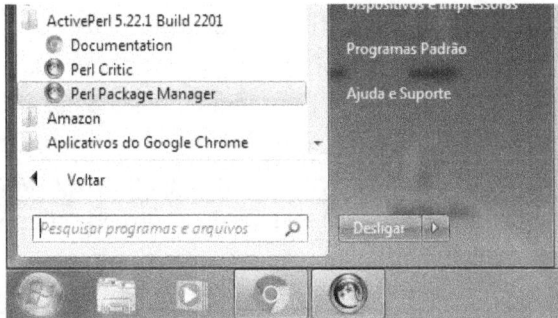

Na janela aberta clique em *Edit > Preferences*. Em seguida clique na aba *Repositories*. Adicione o repositório do BioPerl. No campo *Name* adidicione *"BioPerl-Regular Releases"* e em *Location* adicione "http://bioperl.org/DIST". Clique em *Add* e depois em *OK*.

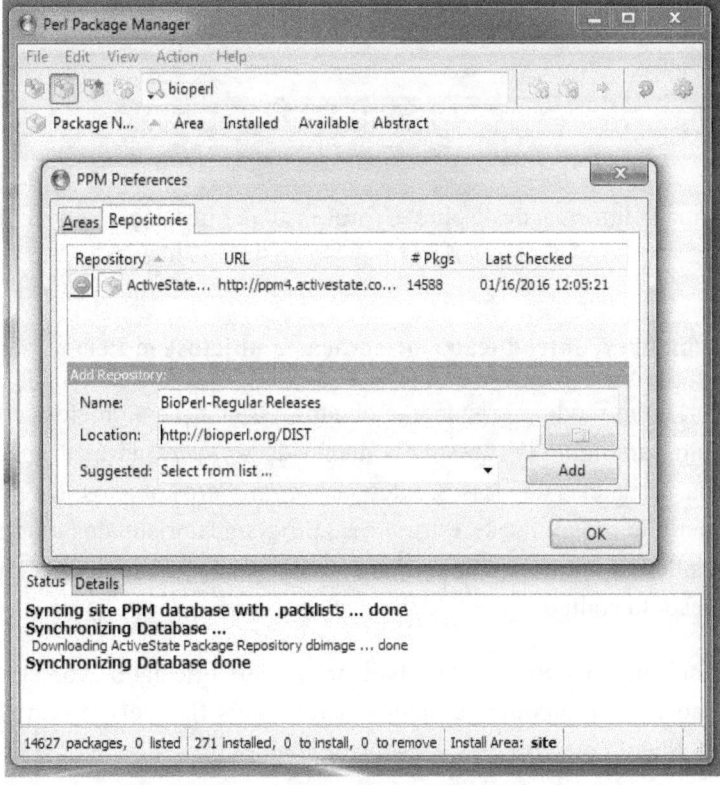

Clique em *View all packages* (botão de ícone cinza logo abaixo do menu *File*) ou pressione Ctrl +1, e em seguida clique na seta circular verde para atualizar os pacotes. Em seguida, busque por BioPerl. Dois pacotes serão listados: *BioPerl* e *Bundle-BioPerl-Core*. Clique sobre cada um deles com o botão direito e, em seguida, em *Install*. Por fim, clique em *Run marked actions* (seta verde a direita) ou pressione Ctrl + ENTER. BioPerl será instalado em seu computador.

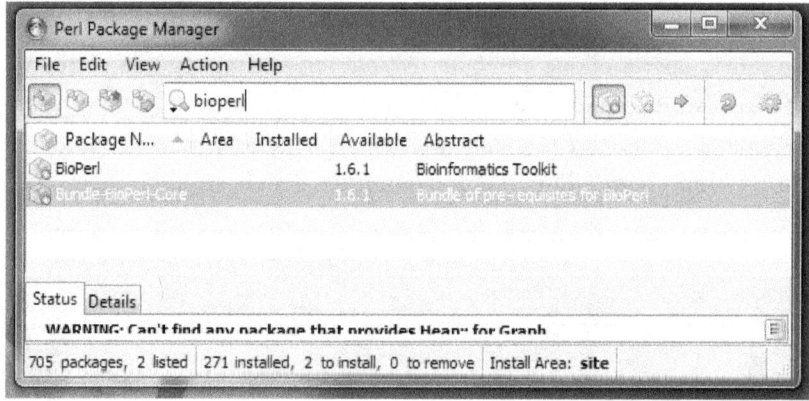

Para mais informações sobre o processo de instalação do BioPerl acesse: <http://www.bioperl.org/wiki/Installing_BioPerl>.

9.2 Uma breve introdução à orientação a objetos em Perl

BioPerl é um módulo orientado a objetos. Orientação a objetos constitui num paradigma de desenvolvimento de *software* na qual objetos, ou seja, instâncias de classes, interagem com outros objetos. Diferente do modo de programação estruturada, programas orientados a objetos não tendem a seguir um fluxo linear de execução, o que facilita a manutenção do código.

A razão por optarem em desenvolver BioPerl orientado a objetos se deve ao fato de módulos e objetos serem mais flexíveis, e isso pode ajudar a lidar com complexos dados biológicos.

Na prática um código em Perl orientado a objetos apresenta classes declaradas como pacote (palavra reservada *package*) e o método construtor declarado como uma sub-rotina chamada *new*. O método construtor deve instanciar o objeto, enquanto outros métodos criados poderão inferir ações ao objeto.

```perl
# Classe

package Minha_primeira_classe;


# Metodo construtor

sub new {

    my ( $class ) = shift;

    my $self = {

        # ...

    };

    bless $self, $class;

    return $self;

}
```

Para instanciar um objeto utiliza-se a seguinte sintaxe:

```perl
use Minha_primeira_classe;

$objeto = xxx->new($informacao);
```

Assim a variável $objeto passará a armazenar um objeto.

Este livro não tem por objetivo ensinar conceitos avançados de orientação a objetos, apenas apresentar uma breve introdução para que você entenda o que será feito com BioPerl.

9.3 *"Hello world*, BioPerl"

Aprendemos nos primeiros capítulos a executar uma linha de comando básica em Perl e imprimir na tela a frase *"Hello World"*. Em BioPerl, podemos considerar a leitura de sequências como o equivalente a um primeiro passo.

Em um arquivo de texto, insira o código abaixo:

```
# Hello world BioPerl
use Bio::Seq;

my $minha_sequencia = Bio::Seq->new(-seq => "AAATTTCCCGGG");

print $minha_sequencia->seq;
```

Na primeira linha declaramos que desejamos utilizar o módulo Bio::Seq do BioPerl. Na segunda linha, declaramos a sequência "AAATTTCCCGGG". Observe que a sequência é declarada não como uma *string*, mas como um objeto de Seq. O construtor da classe recebe como argumentos uma sequência (*string*). Para imprimir a sequência armazenada no objeto $minha_sequencia deve-se utilizar o método *seq*.

No próximo capítulo conheceremos mais sobre o módulo de análises de sequências do BioPerl.

10. Sequências

Em Bioinformática, uma sequência constitui num conjunto de letras que representam um fragmento de DNA, RNA e de proteína. BioPerl fornece quatro módulos para análise de sequências. São eles: **Bio::Seq, Bio::SeqEvolution, Bio::SeqFeature e Bio::SeqIO.**

Neste capítulo abordaremos técnicas para manipulação de sequências usando BioPerl e até mesmo funções básicas do Perl.

10.1 Sequências de DNA, RNA e proteína

Nucleotídeos presentes em sequências de DNA podem ser representados pelos caracteres A, T, C e G, ou seja, adenina, timina, citosina e guanina, respectivamente. Para sequências de RNA, o caractere T é substituído por U, que representa o nucleotídeo uracila. Entretanto, existem ainda caracteres utilizados para representar grupos de nucleotídeos, como por exemplo, o caractere R que representa purinas (nucleotídeos adenina ou guanina).

Observe abaixo a tabela de nucleotídeos e seus respectivos caracteres identificadores.

Caractere	Nucleotídeo
A	Adenina
T	Timina
C	Citosina
G	Guanina
U	Uracila

R	Purina (A ou G)
Y	Pirimidina (C, T, ou U)
M	C ou A
K	T, U, ou G
W	T, U, ou A
S	C ou G
B	C, T, U, ou G (exceto A)
D	A, T, U, ou G (exceto C)
H	A, T, U, ou C (exceto G)
V	A, C, ou G (exceto T, exceto U)
N	Qualquer base (A, C, G, T, ou U)

Proteínas são compostas por aminoácidos interligados por ligações peptídicas. Aminoácidos podem ser representados por códigos de três letras ou por códigos de uma letra. O código de uma letra, mais utilizado em sequências de aminoácidos, é composto por 22 letras: 20 representando os aminoácidos, além dos caracteres B, que pode ser Asparagina ou Aspartato, e Z, que pode ser Glutamina ou Glutamato.

Aminoácido	Código três letras	Código uma letra
Alanina	ALA	A
Asparagina ou Aspartato	ASX	B
Cisteína	CYS	C
Aspartato	ASP	D
Glutamato	GLU	E
Fenilalanina	PHE	F

Glicina	GLY	G
Histidina	HIS	H
Isoleucina	ILE	I
Lisina	LYS	K
Leucina	LEU	L
Metionina	MET	M
Asparagina	ASN	N
Prolina	PRO	P
Glutamina	GLN	Q
Arginina	ARG	R
Serina	SER	S
Treonina	THR	T
Valina	VAL	V
Triptofano	TRP	W
Tirosina	TYR	Y
Glutamina ou Glutamato	GLX	Z

10.1 Obtendo o tamanho de uma sequência

Para se obter o tamanho de uma sequência com BioPerl podemos utilizar o módulo Bio::Seq e o método *length*. Você aprendeu anteriormente sobre sub-rotinas (ou funções), entretanto em orientação a objetos elas são conhecidas como "métodos". Observe:

```
use Bio::Seq;

my $seq = Bio::Seq->new(-id => 'seq1', -seq => 'ATCGGT');

print $seq->id.": ".$seq->length." pb. \n"; # Seq1: 6 pb.
```

Observe que no campo **id** podemos inserir um nome para a sequência (no exemplo chamada de seq1). Aplicando o método *length* ao objeto

$seq, BioPerl executa uma sub-rotina que calcula a quantidade de caracteres da sequência.

Podemos ainda inserir outros campos para descrever uma sequência, como por exemplo, "-*desc*" para descrição. Esses campos são conhecidos como "argumentos".

10.2 Sequência reversa complementar

Uma função básica do BioPerl é obtenção de sequências reversas complementares. Define-se como sequência reversa complementar a sequência formada por bases que pareiam com bases de outra fita de DNA, ou seja, bases que realizam ligações de hidrogênio na formação da dupla hélice do DNA. Logo, A pareia com T, pois adenina realiza ligações de hidrogênio com timina, assim como C pareia com G, devido as ligações entre citosina e guanina. Ela é reversa pois a outra fita transcreve em sentido oposto.

O módulo Bio::Seq fornece métodos para determinação dessas sequências.

```
use Bio::Seq;

my $seq = Bio::Seq->new(-id => 'seq_teste', -seq => 'ATCGGT');

print $seq->seq."\n".$seq->revcom->seq."\n";

# ATCGGT
# ACCGAT
```

Para obter o reverso complementar utilizamos o método *revcom*, que recebe a sequência presente em *seq*. Observe que o reverso complementar da sequência "ATCGGT" é "ACCGAT".

10.3 Transcrição

O processo de transcrição permite a formação do RNA mensageiro com base na região codificante do DNA. Computacionalmente falando, podemos analisar a transcrição como um processo de modificações em *strings*.

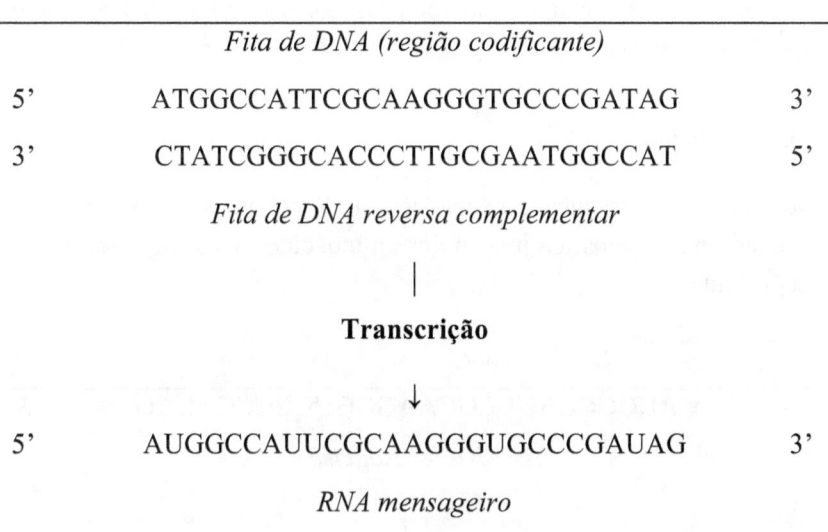

Fita de DNA (região codificante)

5'   ATGGCCATTCGCAAGGGTGCCCGATAG   3'

3'   CTATCGGGCACCCTTGCGAATGGCCAT   5'

Fita de DNA reversa complementar

|

Transcrição

↓

5'   AUGGCCAUUCGCAAGGGUGCCCGAUAG   3'

RNA mensageiro

Vamos reproduzir o exemplo acima utilizando o método *transcribe* do BioPerl:

```perl
use Bio::Seq;

my $seq = Bio::Seq->new(
    -id => 'seq_teste',
    -seq => 'ATCGGT',
    -alphabet => 'dna'
);

print $seq->seq." (DNA)\n".$seq->transcribe->seq." (RNA)\n";
#ATCGGT (DNA)
#AUCGGU (RNA)
```

Observe que na declaração da sequência inserimos um novo campo: *alphabet* (alfabeto). O argumento *alphabet* permite indicar ao BioPerl que tipo de sequências se está trabalhando, no caso sequências de DNA. O campo *alphabet* pode receber os valores *"dna"*, *"rna"* ou *"protein"*. Se esse campo não for passado, BioPerl tenta predizer o tipo de sequências.

10.4 Tradução

No processo de tradução, a sequência de RNA mensageiro será utilizada como molde para a junção dos aminoácidos, e assim, a formação da proteína.

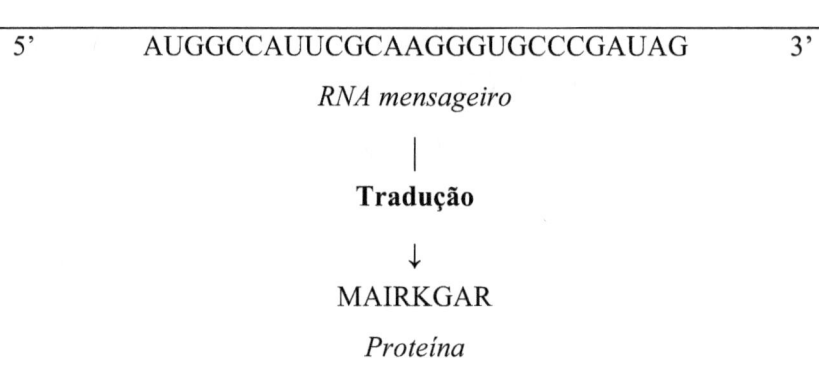

O método *translate* permite converter uma sequência de DNA ou RNA mensageiro em uma sequência de aminoácidos. A função **traduz** uma sequência de três nucleotídeos (*codon*) em um aminoácido.

```
use Bio::Seq;

my $seq = Bio::Seq->new(
```

```
        -id => 'seq_teste',
        -seq => 'ATCGGT',
        -alphabet => 'dna'
);

print        $seq->seq."         (DNA)\n".$seq->transcribe->seq."
(RNA)\n".$seq->translate->seq." (Protein)\n";

# ATCGGT (DNA)
# AUCGGU (RNA)
# IG (Protein)
```

Codons são sequências de três bases de nucleotídeos que, ao serem lidas durante o processo de tradução, representam um determinado aminoácido. O *start codon* representa uma sequência que indica o início da transcrição, e o *stop codon*, uma sequência que avisa a maquinaria celular que a tradução chegou ao fim.

Aminoácido	Codons
Alanina	GCU, GCC, GCA, GCG
Arginina	CGU, CGC, CGA, CGG, AGA, AGG
Asparagina	AAU, AAC
Aspartado	GAU, GAC
Cisteína	UGU, UGC
Glutamina	CAA, CAG
Glutamato	GAA, GAG
Glicina	GGU, GGC, GGA, GGG
Histidina	CAU, CAC
Isoleucina	AUU, AUC, AUA
Start codon ou Metionina	AUG
Leucina	UUA, UUG, CUU, CUC, CUA, CUG
Lisina	AAA, AAG
Fenilalanina	UUU, UUC
Prolina	CCU, CCC, CCA, CCG

Serina	UCU, UCC, UCA, UCG, AGU, AGC
Treonina	ACU, ACC, ACA, ACG
Triptofano	UGG
Tirosina	UAU, UAC
Valina	GUU, GUC, GUA, GUG
Stop codon*	UAG, UGA, UAA

O *stop codon* pode ser representado pelo caractere * ao final de uma sequência.

10.4 Leitura e gravação de sequências

BioPerl fornece o módulo Bio::SeqIO (IO: *input* e *output*) para leitura e gravação de sequências. SeqIO suporta uma série de formatos, como por exemplo FASTA, GenBank, pir, embl, raw, ace, bsml e swiss. O argumento "*-format*" é utilizado para determinar o formato do arquivo.

Sequências em geral são gravadas em arquivos no formato FASTA (extensões ".fasta", ".fas", ".fa", dentre outras). O formato FASTA é composto por um cabeçalho, indicado pelo caractere ">", seguido por uma sequência de nucleotídeos ou aminoácidos. Cada arquivo pode conter uma ou mais sequências (arquivo Multi-FASTA).

```
>Exemplo_cabeçaho_de_arquivo_fasta_nucleotídeos
ATCTGCGGCCCCCCCCACACACACACATCTGCGGCCCCCCCCACACACACACA
GTCAGTCAGCATCGATCGATATTATTTTGATATTATTTGATATTATTTGATAT
TCGGTCAGCATCGATCGATATTATA
```

O formato GenBank, além de possuir sequências de nucleotídeos, armazena também informações de anotações. Ele ainda pode armazenar sequências de aminoácidos obtidas pela tradução das regiões codificantes.

No exemplo a seguir vamos ler um arquivo GenBank e gravar a sequência obtida no formato FASTA.

```perl
use Bio::SeqIO;

my $in = Bio::SeqIO->new(
        '-file' => "arquivo4.txt",
        '-format' => 'GenBank'
);

my $out = Bio::SeqIO->new(
        '-file' => ">arquivo4.fasta",
        '-format' => 'Fasta'
);

while (my $seq = $in->next_seq()) {
        $out->write_seq($seq);
}
```

Observe que o comando *new* do módulo Bio::SeqIO abre um arquivo. O argumento "*-file*" indica o nome do arquivo que será aberto ou criado. Para criar um novo arquivo o comando é semelhante, sendo necessário apenas inserir o símbolo ">" antes do nome.

Um laço é utilizado para percorrer o arquivo GenBank. Por fim, o comando *write_seq* pode ser utilizado para gravar as sequências no arquivo. A seguir veremos melhor como percorrer arquivos FASTA.

10.5 Percorrendo arquivos FASTA

Para o exemplo a seguir vamos utilizar o "arquivo6.txt". Esse arquivo contém sequências Multi-FASTA.

```perl
use Bio::SeqIO;

# Abrindo arquivo
my $in = Bio::SeqIO->new(
```

```
            -file => "arquivo6.txt",
            -format => "Fasta"
);

my $i = 0; #contador

while(my $seq = $in->next_seq()){

        print $seq->id.": ";
        print $seq->length." pb\n";
        $i++;

}

print "Detectamos $i sequencias.\n";
#seq1: 334 pb
#seq2: 224 pb
#seq3: 282 pb
#seq4: 227 pb
#seq5: 211 pb
#seq6: 216 pb
#seq7: 155 pb
#Detectamos 7 sequencias.
```

Como visto anteriormente, o método *next_seq* serve tanto para percorrer arquivos GenBank quanto para arquivos FASTA. Esse comando retorna a próxima sequência de um arquivo Multi-FASTA. Em conjunto com um laço, o método *next_seq* permite percorrer todo o arquivo, e assim, obter informações como, por exemplo, nome e tamanho de sequências. Nesse exemplo ainda utilizamos um contador $i para determinar a quantidade de sequências no arquivo.

Agora vamos ler esse arquivo FASTA e convertê-lo para o formato GenBank. Perceba como diversas informações serão inseridas no arquivo.

```
use Bio::SeqIO;
```

```perl
my $in = Bio::SeqIO->new(
        '-file' => "arquivo6.txt",
        '-format' => 'fasta'
);

my $out = Bio::SeqIO->new(
        '-file' => ">arquivo6.gbk",
        '-format' => 'genbank'
);

while (my $seq = $in->next_seq()) {
        $out->write_seq($seq);
}
```

Agora observe a diferença entre um arquivo FASTA e um arquivo Genbank.

```
>seq1
CGATCGATCGACTAGCTAGCATCGATCTGTGTGTGTGTGCTACAAGCTACGATCGATCG
CGTGCTAGCTACGATATATAAAAAAAAGATCGATCGACTAGCTAGCATCGATCAGCTACG
CGATCGCGATCGATCGACTACATCGACTAGCTAGCATCGATCAGCTACGATCGATCGAC
CGATCGATCGACTAGCTAGCATCGATCTGTGTGTGTGTGCTACAAGCTACGATCGATCG
CGATCGCGATCGATCGACTACATCGACTAGCTAGCATCGATCAGCTACGATCGATCGAC
ACTAGCTAGCATCGATCTGTGTGTGTGTGCTACAAGCTA
```

Veja abaixo a mesma sequência representada no formato GenBank:

```
LOCUS           seq1                      334 bp      dna      linear
UNK
ACCESSION       unknown
FEATURES                    Location/Qualifiers
ORIGIN
          1 cgatcgatcg actagctagc atcgatctgt gtgtgtgtgc tacaagc-
tac gatcgatcgc
         61 gtgctagcta cgatatataa aaaaagatcg atcgactagc tag-
catcgat cagctacgcg
        121 atcgcgatcg atcgactaca tcgactagct agcatcgatc agc-
```

```
tacgatc gatcgaccga
     181 tcgatcgact agctagcatc gatctgtgtg tgtgtgctac aagc-
tacgat cgatcgcgat
     241 cgcgatcgat cgactacatc gactagctag catcgatcag
ctacgatcga tcgacactag
     301 ctagcatcga tctgtgtgtg tgtgctacaa gcta
//
```

10.6 Obtendo sequências de um banco de dados

Você pode obter sequências de bancos de dados externos através do módulo Bio::DB. BioPerl fornece suporte para os bancos de dados Genbank, SwissProt, GenPept, EMBL, SeqHound, Entrez Gene e RefSeq. Para obter sequências é necessário inserir um código identificador da sequência no banco. Em seguida, BioPerl fará as consultas pela Internet.

No exemplo abaixo faremos uma consulta ao GenBank para extrair a sequência cujo o *id* é 2.

```perl
use Bio::DB::GenBank;

my $db = Bio::DB::GenBank->new;

my $seq = $db->get_Seq_by_id(2);

print "ID: ".$seq->id."\nSEQ: ".$seq->seq."\n";

#ID: A00002
#SEQ:   AATTCATGCGTCCGGACTTCTGCCTCGAGCCGCCGTACACTGGGCCCTGCAAAG-
CTCGTATCATCCGTTACTTCTACAATGCAAAGGCAGGCCTGTGTCAGACCTTCGTATA-
CGGCGGTTGCCGTGCTAAGCGTAACAACTTCAAATCCGCGGAAGACTGCGAACGTACTTG-
CGGTGGTCCTTAGTAAAGCTTG
```

Inicialmente declaramos o uso do módulo em questão: Bio::DB::GenBank. O método *new* cria uma nova conexão ao banco e a grava em um objeto. Esse objeto deverá ser utilizado todas as vezes que uma requisição for feita. O método *get_Seq_by_id* é utilizado para realizar buscas pelo id. Podemos ainda substituí-lo pelo método *get_Seq_by_acc*, que faz buscas pelo número de acesso.

10.7 Realizando buscas em bancos de dados externos

O módulo Bio::DB ainda fornece meios para realizar buscas em bancos de dados externos. Para isso devemos utilizar o módulo Bio::DB::Query.

No exemplo a seguir vamos realizar uma busca por proteínas beta-glicosidase do organismo *Homo sapiens* no GenBank. Por fim, vamos imprimir o *id* da sequência, seguido pela descrição e pelo tamanho da sequência.

```perl
use Bio::DB::GenBank;

use Bio::DB::Query::GenBank;

my $query = "Homo sapiens[ORGN] AND beta-glucosidase[TITL]";

my $qobj = Bio::DB::Query::GenBank->new(
        -db => 'nucleotide',
        -query => $query
);

my $gobj = Bio::DB::GenBank->new;

my $sobj = $gobj->get_Stream_by_query($qobj);

while (my $seq = $sobj->next_seq){

    print $seq->id. "\t".$seq->desc. "\t". $seq->length. "\n";

}
# AF323990     Homo sapiens cytosolic beta-glucosidase (CBG)
```

```
# mRNA, complete cds. 2125
# S44552      beta-glucosidase {exon 2/intron 2 boundary,
# pseudogene} [human, Gaucher disease patient, Genomic,
95 nt].      95
# S44219      beta-glucosidase {exon 2/intron 2 boundary}
# [human, Gaucher disease patient, Genomic Mutant, 95 nt].95
# S44217      beta-glucosidase {exon 2/intron 2 boundary}
# [human, Gaucher disease patient, Genomic, 95 nt].      95
# AF317840    Homo sapiens cytosolic beta-glucosidase
# mRNA, complete cds. 1410
# AK298377    Homo sapiens cDNA FLJ55639 complete cds, highly
# similar to Cytosolic beta-glucosidase (EC 3.2.1.21)2019
# AJ309567    Homo sapiens mRNA for bile acid
# beta-glucosidase.    3639
# AJ278964    Homo sapiens partial mRNA for cytosolic
# beta-glucosidase (GLUC gene).      1407
# AK222963    Homo sapiens mRNA for cytosolic
# beta-glucosidase variant, clone: HSI00871.      1544
```

Observe que criamos um objeto para a busca (*query*), depois utilizamos o método *get_Stream_by_query* para recuperar um conjunto de resultados e inseri-los no objeto que fará a *query* no GenBank.

10.8 Objetos de sequência

Aprendemos até agora como extrair algumas informações de objetos de sequência, entretanto há uma grande gama de informações que podem ser obtidas. Na tabela abaixo, obtida em <http://www.bioperl.org/wiki/HOWTO:Beginners> (adaptada), estão listados os principais métodos para objetos de sequência.

Nome	Retorna
accession_number	Código identificador. **Ex.:** *$acc = $so->accession_number;*
alphabet	Alfabeto. **Ex.:** *$so->alphabet('dna');*

authority	Organização. **Ex.:** *$so->authority("FlyBase");*
desc	Descrição. **Ex.:** *$so->desc("Exemplo 1");*
display_id	Código identificador. **Ex.:** *$so->display_id("NP_123456");*
division	Divisão. **Ex.:** *$div = $so->division;*
get_dates	Datas. **Ex.:** *@dates = $so->get_dates;*
get_secondary_acc essions	Outros identificadores. **Ex.:** *@accs = $so->get_secondary_accessions;*
is_circular	Verdadeiro ou falso. **Ex.:** *if $so->is_circular { # };*
keywords	Palavras-chave. **Ex.:** *@array = $so->keywords;*
length	Tamanho da sequência. **Ex.:** *$len = $so->length;*
molecule	Tipo molecular (DNA, RNA, *protein*). **Ex.:** *$type = $so->molecule;*
namespace	*Namespace*, se disponível. **Ex.:** *$so->namespace("Private");*
new	Cria objeto de sequência. **Ex.:** *$so = Bio::Seq->new(-seq => "MPQRAS");*
pid	Pid. **Ex.:** *$pid = $so->pid;*
primary_id	Código identificador. **Ex.:** *$so->primary_id(12345);*
revcom	Reverso complementar. **Ex.:** *$so2 = $so1->revcom;*
seq	Sequência, como uma *string*. **Ex.:** *$seq = $so->seq;*
seq_version	Versão. **Ex.:** *$so->seq_version("1");*
species	Cria objeto de espécie. **Ex.:** *$species_obj = $so->species;*

subseq	Parte da sequência. **Ex.:** *$string = $seq_obj->subseq(10,40);*
translate	Tradução da sequência. **Ex.:** *$prot_obj = $dna_obj->translate;*
trunc	Objeto de sequência. **Ex.:** *$so2 = $so1->trunc(10,40);*

11. BLAST

BLAST (*Basic Local Alignment Search Tool* ou Ferramenta de Busca de Alinhamento Local Básico) é uma ferramenta de comparação entre sequências (nucleotídeos ou aminoácidos), que utiliza um algoritmo de programação dinâmica para alinhamento local. BLAST apresenta uma metodologia de grande eficiência para comparação par-a-par entre sequências, quanto comparação de uma sequência com uma grande base de dados.

A versão mais recente do BLAST foi introduzida em 2009 pelo NCBI. A suíte de aplicativos *stand-alone* BLAST+ foi construída com a linguagem C++, o que permitiu uma maior performance e uma melhoria nos recursos das aplicações. Assim, a suíte apresenta cinco aplicativos: blastn, blastp, blastx, tblastn e tblastx.

blastn	Compara uma sequência de nucleotídeos contra uma base de dados de sequência de nucleotídeos.
blastp	Compara uma sequência de aminoácidos contra uma base de dados de sequência de proteínas.
blastx	Compara uma sequência de nucleotídeos traduzida, em todos os quadros de leitura, contra uma base de dados de sequência de proteínas.
tblastn	Compara uma sequência de proteína contra uma base de dados de sequência de nucleotídeos traduzida dinamicamente em todos os quadros de leitura.
tblastx	Compara os seis quadros de leitura traduzidos de uma sequência de nucleotídeos contra os seis quadros de leitura traduzidos de uma base de dados de sequência de nucleotídeos.

BioPerl trata o BLAST como um *Wrapper* (uma ferramenta que pode ser acessada através de outra ferramenta) e apresenta o módulo *Bio::SearchIO* que permite que os resultados de BLAST possam ser analisados.

11.1 Instalando a Suíte BLAST+

Executar o BLAST localmente permite que suas buscas sejam realizadas com menor tempo. Ainda permite que você construa bases de dados personalizadas. Para executar o BLAST local, BioPerl requer que a suíte de aplicativos BLAST+ esteja instalada. A última versão da suíte BLAST+ pode ser obtida em: <ftp://ftp.ncbi.nlm.nih.gov/blast/executables/blast+/LATEST/> e tem suporte para sistemas operacionais Windows, Linux e MacOS.

Para Windows faça o *download* do arquivo de extensão "exe". Para MacOS faça o *download* do arquivo de extensão "dmg". Para Linux você pode fazer o *download* do arquivo compactado extensão "tar.gz". Ubuntu permite ainda a instalação via linha de comando:

```
sudo apt-get install ncbi-blast+
```

11.2 Executando BLAST via Perl

BLAST pode ser executado via linha de comando. Para isso deve-se determinar qual aplicativo deverá ser executado, blastn, blastp, blastx, tblastn ou tblastx, seguido do nome de um arquivo com a sequência que será pesquisada e de um arquivo com as sequências alvo ou do nome base de dados.

```
blastn -query sequencia_buscada.fasta -subject sequencias_alvo.fasta
```

BLAST ainda permite que parâmetros sejam utilizados para incrementar buscas. Veja alguns parâmetros abaixo:

db	Nome do banco de dados BLAST. *Input*: *string*; valor padrão: *none* (nenhum).
query	Nome de um arquivo para busca. *Input*: *string*; valor padrão: requer o nome de um arquivo.
out	Nome do arquivo onde os resultados de BLAST serão salvos. *Input*: *string*; valor padrão: *stdout*.
evalue	E-value. *Input*: real; valor padrão: 10.0.
subject	Arquivo com sequências onde será realizada a busca. *Input*: *string*; valor padrão: *none*.
num_threads	Número de *threads* (CPUs) usadas em buscas pelo BLAST. *Input*: inteiro; valor padrão: 1.
word_size	Tamanho mínimo do fragmento de sequência usado na busca. *Input*: valor inteiro; valores padrões: (i) blastn: 11; (ii) blastp: 3; (iii) blastx: 3; (iv) tblastn: 3; (v) tblastx: 3; (vi) rpsblast: 40; (vii) megablast: 28;
matrix	Define a matriz de pontuação usada no alinhamento (usado em alinhamento de proteínas). *Input*: *string*; valor padrão: "BLOSSUM 62".
outfmt	Opções de visualização de alinhamentos. Pode variar de 0 a 13. *Input*: *string*; valor padrão: "0". 0 = par a par (textual), 1 = *query-anchored* mostrando identidades, 2 = *query-anchored* sem identidades, 3 = *flat query-anchored* (mostra identidade), 4 = *flat query-anchored* (sem identidades), 5 = XML, 6 = tabular,

7 = tabular com linhas comentadas, 8 = Textual ASN.1, 9 = Binário ASN.1, 10 = Valores separados por vírgula, 11 = Formato de arquivo BLAST (ASN.1), 12 = Saída JSON Seqalign, 13 = Saída JSON BLAST, 14 = Saída XML2 BLAST.

BioPerl oferece o módulo Bio::Tools::Run::StandAloneBlast para execução de buscas com BLAST. Entretanto, esse módulo se tornou depreciado, uma vez que NCBI passou a não oferecer suporte ao programa *blastall*, que foi substituído pela suíte BLAST+. Assim, BioPerl passou a oferecer o módulo Bio::Tools::Run::StandAloneBlastPlus.

Devido à diversidade de módulos do BioPerl e de versões do BLAST, além do fato de que BLAST pode ser executado por linha de comando ou pelo Website <http://blast.ncbi.nlm.nih.gov/Blast.cgi> decidimos ensinar um método global para executar BLAST via Perl e focar na análise de resultados. Observe abaixo como realizar uma comparação entre dois arquivos. Neste exemplo faremos a comparação do "arquivo4.fasta" (criado anteriormente) com ele mesmo (para que possamos ter certeza que haverá pelo menos uma sequência igual).

```perl
my $blast = "blastn";
my $query = "arquivo4.fasta";
my $subject  = "arquivo4.fasta";
my $opcoes = "";

my $comando  = "$blast  -query  $query  -subject  $subject $opcoes";

open (my $fh,"$comando |") or die("Não foi possível executar o
```

```
comando: $comando: $!\n");

while(my $l = <$fh>){
        print $l;
}
```

Observe que primeiro definimos qual aplicativo do BLAST iriamos utilizar (blastn). A seguir, definimos a sequência que seria buscada (*query*) e a sequência alvo (*subject*). Lembre-se que em uma comparação real, as sequências estariam em arquivos diferentes, mas para nosso teste queremos ter certeza que haja ao menos um resultado (*hit*). Definimos uma variável para receber parâmetros opcionais. Em seguida, criamos uma variável para armazenar o comando que será executado na última linha. O resultado será gravado em um arquivo cujo apelido está armazenado na variável $fh. Veja abaixo um trecho do resultado:

```
BLASTN 2.2.31+

Query= NC_009934 Acaryochloris marina MBIC11017 plasmid pREB9,
complete sequence.

Length=2133

Subject= NC_009934 Acaryochloris marina MBIC11017 plasmid
pREB9, complete sequence.

Length=2133

 Score = 3940 bits (2133),  Expect = 0.0

 Identities = 2133/2133 (100%), Gaps = 0/2133 (0%)

 Strand=Plus/Plus

Query  1     GCTAGATCCTGCTAACAGACCAGTGCCTGATTGCTGGATGAGGTT   60

             |||||||||||||||||||||||||||||||||||||||||||||
```

```
Sbjct   1      GCTAGATCCTGCTAACAGACCAGTGCCTGATTGCTGGATGAGGTT   60

# [...]
```

Uma das principais vantagens do BioPerl são os módulos que permitem a análise de resultados de diversos programas, dentre eles BLAST. Perl fornece o módulo Bio::SearchIO para ler e gravar resultados de BLAST. Veja como ficaria o *script* alterado para podermos analisar os resultados.

```perl
use Bio::SearchIO;

my $blast = "blastn";
my $query = "arquivo4.fasta";
my $subject = "arquivo4.fasta";
my $opcoes = "-outfmt 5";

my $comando = "$blast -query $query -subject $subject
$opcoes";

open (my $fh,"$comando |") or
die("Não foi possível executar o comando: $comando: $!\n");

my $in = Bio::SearchIO->new(
        -format => 'blastxml',
        -fh => $fh
);

while(my $r = $in->next_result){

    print "Numero de resultados: ".$r->num_hits."\n";
    print "Nome da query: ".$r->query_name."\n";
    print "Descricao: ".$r->query_description."\n";
    print "Tamanho da query: ".$r->query_length."\n";

    # Para cada resultado
    while(my $h = $r->next_hit ) {
```

```
    print "Hit: ".$h->name."\n";

    while(my $hsp = $h->next_hsp ) {

            print "Tamanho HSP: ". $hsp->length('total')."\n";
            print "E-value: ", $hsp->evalue."\n";
            print "Bit score: ", $hsp->score."\n";
            print "Regiao de hit (query): ".
            $hsp->query->start." - ".$hsp->query->end."\n";
            print "Regiao de hit (subject): ".
            $hsp->hit->start." - ".$hsp->hit->end."\n";

    }

}

    print "-----------------------------------------\n";

}
```

A primeira alteração no *script* foi a declaração do módulo Bio::SearchIO. Outra modificação foi a inserção do parâmetro "-outfmt 5" na variável $opcoes. Esse parâmetro permite que o BLAST retorne seus resultados em formato XML, o que evita possíveis problemas com incompatibilidade de versões do BLAST.

O método *new* do módulo Bio::SearchIO recebe como argumentos o formato do arquivo enviado "blastxml" e o nome da variável que armazena o apelido do arquivo. A partir desse ponto, três laços são executados para imprimir os campos desejados:

- **Laço 1 (*Results*):** através do método *next_results*, esse laço percorre todos os resultados;

- **Laço 2 (*Hits*):** através do método *next_hit*, esse laço percorre todos os *hits* (resultados com acertos). Cada resultado pode apresentar vários *hits*;

- **Laço 3 (*HSP*):** através do método *next_hsp*, esse laço percorre todos os HSP (*High-scoring Segment Pairs* ou pares de segmentos de alta pontuação);

No exemplo demonstrado, imprimimos algumas informações como: nome e descrição da *query*, tamanho da *query*, total de *hits* e posições de regiões similares.

Result, *Hit* e *HSP* são as três maneiras que Bio::SearchIO fornece para percorrer resultados de BLAST. Além dos métodos apresentados no *script* anterior, cada um deles possui outros métodos que poderão ser úteis. Segue abaixo a lista de métodos.

Tabela de métodos do objeto *result*

Fonte: <http://www.bioperl.org/wiki/HOWTO:SearchIO> (adaptado).

Result	
Método	**Retorna**
algorithm	Aplicativo utilizado (ex.: blastn).
algorithm_version	Versão do aplicativo.
query_name	Nome dado a *query*. Geralmente consta no cabeçalho do arquivo.
query_accession	Código de acesso da *query* (quando retirada de bancos de dados públicos, como GenBank).
query_length	Tamanho da *query*.
query_description	Descrição da *query*.
database_name	Nome do banco de dados utilizado (quando utilizada o parâmetro "-db").
database_letters	Total de caracteres na base de dados.

database_entries	Número de entradas de bancos de dados.
available_statistics	Estatísticas utilizadas.
available_parameters	Parâmetros utilizados.
num_hits	Total de acertos.
hits	Lista todos os *hits*.
rewind	Reseta o iterador (*next_hit*).

Tabela de métodos do objeto *hit*

Fonte: <http://www.bioperl.org/wiki/HOWTO:SearchIO> (adaptado).

Hit	
Método	**Retorna**
name	Título dado ao *hit*.
length	Tamanho do *hit*.
accession	Código de acesso da *query* (quando retirada de bancos de dados públicos, como NCBI).
description	Descrição do *hit*.
algorithm	Aplicativo utilizado (ex.: blastn)
raw_score	Pontuação obtida pelo alinhamento.
significance	Significância do *hit*.
bits	*Bits* do *hit*.
hsps	Lista com *hsps*.
num_hsps	Número de *hsps*.
locus	Nome do *locus*.
accession_number	Número de acesso.
rewind	Reseta o iterador (*next_hsp*)

Tabela de métodos do objeto *hsp*

Fonte: <http://www.bioperl.org/wiki/HOWTO:SearchIO> (adaptado)

HSP	
Método	**Retorna**
algorithm	Aplicativo utilizado (ex.: blastn)
evalue	*E-value* obtido.
expect	Mesmo que e-value.
frac_identical	Fração idêntica.
frac_conserved	Fração conservada.
gaps	Número de *gaps* (regiões em que há uma quebra na identidade).
query_string	*String* que armazena região da *query*.
hit_string	*String* que armazena região do *hit*.
homology_string	*String* que armazena região homóloga.
length('total')	Tamanho de *HSP* (incluindo *gaps*).
length('hit')	Tamanho da região do *hit* (menos *gaps*).
length('query')	Tamanho da região do *hit* (menos *gaps*).
hsp_length	Tamanho de HSP (mesmo que total).
num_conserved	Número de resíduos conservados.
num_identical	Número de resíduos identicos.
rank	Rank do HSP.
score	Pontuação.
bits	Pontuação em *bits*.
range('query')	Posição de início e fim (*query*), como *array*.
range('hit')	Posição de início e fim (*hit*), como *array*.
percent_identity	Percentual de identidade.
start('query')	Posição de início do alinhamento na *query*.

end('query')	Posição de fim do alinhamento na *query*.
start('hit')	Posição de início do alinhamento no *hit*.
end('hit')	Posição de fim do alinhamento no *hit*.
matches('hit')	Número de idênticos e conservados, como *array*.
matches('query')	Número de idênticos e conservados, como *array*.
get_aln	Objeto Bio::SimpleAlign.

11.3 Resultados de BLAST em formato tabular

Até agora, analisamos resultados de BLAST em formato textual (0) e XML (5), entretanto o formato tabular (6) pode auxiliar na visualização em paralelo de diversos resultados. O formato tabular pode ainda ser aberto através de editores de planilhas, como MS Office Excel ou Calc. Pode ainda ser facilmente analisado com expressões regulares em Perl. Por padrão o formato tabular exibe os seguintes resultados: *'qseqid sseqid pident length mismatch gapopen qstart qend sstart send evalue bitscore'*, entretanto outras opções podem ser adicionadas. Vamos entender o que cada um desses elementos representa:

qseqid	Nome da sequência usada na busca (*query*). Pode ser utilizada mais de uma sequência (arquivo Multi-FASTA).
qlen	Tamanho da sequência usada na busca (*query*).
sseqid	Nome da sequência a qual é realizada a busca (*subject*). Pode ser utilizada mais de uma sequência (arquivo Multi-FASTA).
slen	Tamanho da sequência a qual é realizada a busca (*subject*).
qstart	Posição de início do alinhamento na *query*.

qend	Posição de término do alinhamento na *query*.
sstart	Posição de início do alinhamento no *subject*.
send	Posição de término do alinhamento no *subject*.
evalue	Valor mínimo esperado para o *e-value*.
score	Valor de pontuação.
length	Indica tamanho do alinhamento.
pident	Indica o percentual de correspondências idênticas (nucleotídeos/aminoácidos).
nident	Indica o número de correspondências idênticas (nucleotídeos/aminoácidos).
mismatch	Indica o número de *mismatches* (nucleotídeos/aminoácidos diferentes em um alinhamento).
positive	Número de nucleotídeos/aminoácidos idênticos.
gapopen	Número de *gaps* abertos.
gaps	Número de *gaps* existentes.
ppos	Percentual de nucleotídeos/aminoácidos classificados como positivos.
bitscore	Pontuação *bit*.

No exemplo a seguir vamos substituir o formato para tabular e faremos a análise utilizando funções nativas do Perl.

```perl
my $blast = "blastn";
my $query = "arquivo4.fasta";
my $subject = "arquivo4.fasta";
my $opcoes = "-outfmt 6";

my  $comando  =  "$blast  -query  $query  -subject  $subject
$opcoes";

open (my $fh,"$comando |") or die("Não foi possível executar o
comando: $comando: $!\n");

while(my $linha = <$fh>){

  my @l = split("\t",$linha);
  my $query2 = $l[0];
  my $subject2 = $l[1];
  my $identidade = $l[2];
  print "Query: $query2\nSubject: $subject2\n
  Identidade: $identidade\n";

}
#Query: NC_009934
#Subject: NC_009934
#Identidade: 100.00
```

Observe que para cada linha aplicamos a função *split*. Essa função divide uma *string* na posição indicada pelo primeiro argumento e armazena o resultado em um *array*. No nosso exemplo, imprimimos as posições 0, 1 e 2 do *array*, que armazenam nome da *query*, nome do *subject* e identidade do alinhamento.

11.4 Construindo seu próprio banco de dados (opcional)

Em alguns casos, comparações entre uma sequência (*query*) e um grande quantidade de sequências (*subject*), como por exemplo um arquivo Multi-FASTA com centenas de milhares de sequências, pode demandar uma grande quantidade de tempo. Assim, torna-se importante a criação de bancos de dados para agilizar a busca.

Infelizmente, BioPerl não fornece métodos para criação de bancos de dados, entretanto é possível utilizar o comando *makeblastdb* da suíte BLAST+ para realizar essa tarefa.

Como exemplo, vamos converter nosso arquivo "exemplo4.fasta" em um banco de dados (Linux e MacOS X; para Windows acrescente o endereço completo do programa *makeblastdb*).

```
makeblastdb -in exemplo4.fasta -dbtype 'nucl' -out exemplo4_db -title exemplo4_db
```

Você perceberá que três novos arquivos foram criados: *exemplo4_db.nhr*, *exemplo4_db.nin* e *exemplo4_db.nsq*.

Agora vamos modificar o *script* criado anteriormente, substituir o parâmetro *subject* por *db* e acrescentar o nome do banco de dados criado anteriormente: *exemplo4_db*.

Agora execute o *script*. Você notou que o *script* pode ser executado mais rápido? Acreditamos que não! Diferenças só serão perceptíveis com grandes bancos de dados.

12. Estruturas de proteínas

O *Protein Data Bank* (PDB) é um banco de dados que armazena estruturas tridimensionais de proteínas. O PDB é um banco de dados fundamental nas áreas de biologia estrutural, sendo o alicerce de uma subárea da Bioinformática conhecida como Bioinformática Estrutural.

O PDB é mantido por uma organização internacional chamada *Worldwide Protein Data Bank* (wwPDB) e pode ser acessado em: <http://www.wwpdb.org/>. A base de dados também pode ser acessada através das organizações PDBe (http://www.pdbe.org), PDBj (http://www.pdbj.org) ou RCSB (http://www.rcsb.org).

O formato de armazenamento PDB é um arquivo textual, o qual cada linha representa um determinado recurso, como por exemplo, linhas iniciadas com ATOM representam átomos específicos de uma proteína. Abaixo vemos como exemplo um fragmento de um arquivo PDB (código de identificação 1BGA).

```
HEADER    GLYCOSIDASE                04-APR-97   1BGA

ATOM  1 N   THR A  2  61.990  84.851  70.908  1.00  32.14      N

ATOM  2 CA  THR A  2  62.828  85.531  69.934  1.00  20.14      C

ATOM  3 C   THR A  2  62.799  85.087  68.476  1.00  17.99      C
```

Para mais informações acesse a documentação de formatos de arquivos PDB em: <http://www.wwpdb.org/documentation/file-format>.

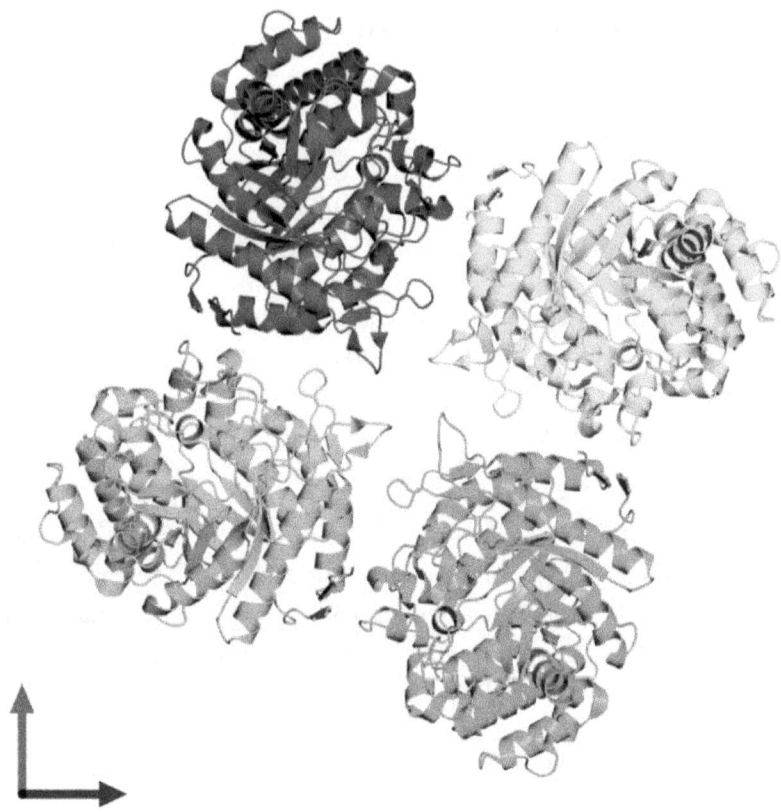

Exemplo de arquivo PDB (código 1BGA) extraído do site PDBe <http://pdbe.org/download/1bga>.

12.1 Lendo arquivos PDB com BioPerl

BioPerl apresenta o Bio::Structure, que permite a análise de estruturas de proteínas. Esse *namespace* ainda apresenta os seguintes módulos: *Atom* (descreve átomos), *Chain* (descreve cadeias), *Entry* (descreve entradas inteiras), *IO* (permite leitura e gravação de arquivos de estruturas), *Model* (descreve modelos), *Residue* (descreve resíduos) e *StructureI* (interface abstrata para acesso para objetos de estrutura).

Através de Bio::Structure::IO é possível ter acesso a uma variedade de informações. No exemplo a seguir, vamos extrair informações do arquivo PDB da proteína 1BGA (arquivo5.txt).

```perl
use Bio::Structure::IO;

my $pdb = Bio::Structure::IO->new(
        -file => 'arquivo5.txt',
        -format => 'PDB'
);

my $estrutura = $pdb->next_structure;

foreach my $cadeia ($estrutura->get_chains) {

    my $cadeia_id = $cadeia->id;

    foreach my $residuo ($estrutura->get_residues($cadeia)) {

        my $residuo_id = $residuo->id;

        foreach my $atomo ($estrutura->get_atoms($residuo)){

        my $atomo_id = $atomo->id;
        print          "Cadeia:          ".$cadeia_id."\tResiduo:
".$residuo_id."\tAtomo: ".$atomo_id."\n";
        }

    }

}
```

Ao executar esse *script* obteremos como resultado uma lista contendo as cadeias, resíduos (representados por um código de três letras seguidas por um número) e átomos.

Cadeia: A   Residuo: THR-2 Atomo: N

Cadeia: A	Residuo: THR-2 Atomo: CA
Cadeia: A	Residuo: THR-2 Atomo: C
Cadeia: A	Residuo: THR-2 Atomo: O
Cadeia: A	Residuo: THR-2 Atomo: CB
Cadeia: A	Residuo: THR-2 Atomo: OG1
Cadeia: A	Residuo: THR-2 Atomo: CG2

Agora vamos tentar entender o que foi feito no *script*:

(i)   Inicialmente declaramos o módulo Bio::Structure::IO, e que uma nova estrutura, obtida no "arquivo5.txt", seria armazenada em um objeto na variável $pdb.

(ii)   A seguir aplicamos o método *next_structure* à variável $pdb para obter a estrutura completa da proteína. Observe que com a estrutura podemos ter acesso a todos os elementos de uma proteína, como cadeias, resíduos e átomos, entretanto teremos que realizar três laços de repetição para obtê-los, uma vez que átomos estão presentes em resíduos e resíduos estão presentes em cadeias.

(iii)   Utilizamos o método *get_chain* para obter todas as cadeias e as percorremos com o comando *foreach*. Dentro desse laço, obtemos o *id* da cadeia e aplicamos um novo laço para percorrer todos os resíduos.

(iv)   O método *get_residues*, que recebe como argumento o objeto com informações de uma cadeia, permite que todos os resíduos dessa cadeia sejam analisados. Dentro do laço de repetição que recebe cada resíduo, inserimos um comando para receber o *id* do resíduo atual e executamos um novo laço para conhecer todos os átomos.

(v)   O último laço de repetição chama o método *get_atoms* e recebe o objeto de um resíduo. Nesse laço, obtemos o *id* do átomo e, por fim, imprimimos cadeia, resíduo e átomo atuais separados por uma tabulação.

12.2 Extraindo a estrutura primária

Como visto anteriormente ao imprimir o *id* de um resíduo, BioPerl retorna o resíduo em um código de três letras seguido da numeração do resíduo separada por um hífen. Entretanto, em alguns momentos podemos precisar da estrutura primária de uma proteína. No exemplo a seguir, vamos extrair a sequência da proteína 1BGA, a qual cada resíduo será representado por um código de uma letra, e a imprimir em formato FASTA.

```perl
use Bio::Structure::IO;

# Sub-rotina que converte de 3 letras para 1
sub converte_uma_letra{

    my $aa = lc $_[0];
    $aa = substr($aa,0,3);
    my %ONECODE =
  ('ala' => 'A', 'asx' => 'B', 'cys' => 'C', 'asp' => 'D',
   'glu' => 'E', 'phe' => 'F', 'gly' => 'G', 'his' => 'H',
   'ile' => 'I', 'lys' => 'K', 'leu' => 'L', 'met' => 'M',
   'asn' => 'N', 'pro' => 'P', 'gln' => 'Q', 'arg' => 'R',
   'ser' => 'S', 'thr' => 'T', 'val' => 'V', 'trp' => 'W',
   'xaa' => 'X', 'tyr' => 'Y', 'glx' => 'Z', 'ter' => '*',
   'sec' => 'U', 'pyl' => 'O', 'xle' => 'J'
  );
    return $ONECODE{$aa};

}

# Abre o arquivo PDB
my $pdb = Bio::Structure::IO->new(
```

```
            -file => 'arquivo5.txt',
            -format => 'PDB'
);

my $estrutura = $pdb->next_structure;

foreach my $cadeia ($estrutura->get_chains) {

    my $cadeia_id = $cadeia->id;
    print ">cadeia_$cadeia_id\n"; # imprime o cabeçalho

    foreach my $residuo ($estrutura->get_residues($cadeia)) {
        my $residuo_id = $residuo->id;
        my $uma_letra = converte_uma_letra($residuo_id);
        print $uma_letra;
    }

    print "\n";

}
```

Observe que para realizar a conversão, criamos uma sub-rotina chamada *converte_uma_letra*. Essa sub-rotina contém uma *hash* chamada %ONECODE, que contém os códigos de três letras como chaves e os códigos de uma letra como valores (retiramos essa *hash* do método *BEGIN* do módulo Bio::SeqUtils). Nossa sub-rotina ainda retira os três primeiros caracteres da *string* enviada e os converte em minúsculo. Por fim, ela retorna o código de uma letra, armazenado na chave idêntica a *string* enviada na chamada da função.

Ao executar o *script* você obterá o seguinte resultado:

```
>cadeia_A
TIFQFPQDFMWGTATAAYQIEGAYQEDGRGLSIWDTFAHTPGKVFNGDNG
NVACDSYHRYEEDIRLMKELGIRTYRFSVSWPRIFPNGDGEVNQEGLDYY
HRVVDLLNDNGIEPFCTLYHWDLPQALQDAGGWGNRRTIQAFVQFAETMF
REFHGKIQHWLTFNEPWCIAFLSNMLGVHAPGLTNLQTAIDVGHHLLVAH
```

```
GLSVRRFRELGTSGQIGIAPNVSWAVPYSTSEEDKAACARTISLHSDWFL
QPIYQGSYPQFLVDWFAEQGATVPIQDGDMDIIGEPIDMIGINYYSMSVN
RFNPEAGFLQSEEINMGLPVTDIGWPVESRGLYEVLHYLQKYGNIDIYIT
ENGACINDEVVNGKVQDDRRISYMQQHLVQVHRTIHDGLHVKGYMAWSLL
DNFEWAEGYNMRFGMIHVDFRTQVRTPKESYYWYRNVVSNNWLETRR
[...]
```

12.3 Obtendo coordenadas de átomos

O módulo Bio::Structure ainda permite a obtenção das coordenadas de átomos de um arquivo PDB. Como exemplo, vamos extrair as coordenadas de átomos de todos os resíduos.

```perl
use Bio::Structure::IO;

my $pdb = Bio::Structure::IO->new(
        -file => 'arquivo5.txt',
        -format => 'PDB'
);

my $estrutura = $pdb->next_structure;

foreach my $cadeia ($estrutura->get_chains) {

    my $cadeia_id = $cadeia->id;

    foreach my $residuo ($estrutura->get_residues($cadeia)) {

        my $residuo_id = $residuo->id;

        foreach my $atomo ($estrutura->get_atoms($residuo)){

            my $atomo_id = $atomo->id;
            my @atomo_xyz = $atomo->xyz;
            print " | Residuo: ".$residuo_id;
            print " | x = ".$atomo_xyz[0];
            print " | y = ".$atomo_xyz[1];
            print " | z = ".$atomo_xyz[2];
```

```
print " | Atomo: ".$atomo_id."\n";

   }

  }

}
```

O método *xyz* retorna as coordenadas tridimensionais de um átomo como um *array*. Podemos obter as posições individualmente chamando os métodos *x*, *y* ou *z*.

```
| Residuo: THR-2 | x = 61.990 | y = 84.851 | z = 70.908 |
Atomo: N

 | Residuo: THR-2 | x = 62.828 | y = 85.531 | z = 69.934 |
Atomo: CA

 | Residuo: THR-2 | x = 62.799 | y = 85.087 | z = 68.476 |
Atomo: C

 | Residuo: THR-2 | x = 62.825 | y = 83.895 | z = 68.164 |
Atomo: O

 | Residuo: THR-2 | x = 64.279 | y = 85.578 | z = 70.437 |
Atomo: CB

 | Residuo: THR-2 | x = 64.266 | y = 85.699 | z = 71.855 |
Atomo: OG1

 | Residuo: THR-2 | x = 65.017 | y = 86.785 | z = 69.894 |
Atomo: CG2
```

Podemos ainda utilizar as coordenadas do carbono alfa para representar a posição de um resíduo. Para isso é necessário validar a variável que armazena o *id* do átomo. Carbonos alfa são representados pelos caracteres "CA".

12.4 Medindo a distância entre dois átomos

Medir a distância entre átomos pode ser importante para diversas tarefas em Bioinformática Estrutural, como por exemplo, o cálculo de contatos. Para isso, precisaremos extrair as coordenadas geográficas do átomo no espaço (X, Y e Z) e calcular a distância euclidiana entre eles.

A seguir, aprenderemos a calcular a distância entre carbonos alfa de dois diferentes resíduos. A distância entre dois átomos é dada em ångström (Å). Um ångström equivale a dez elevado a menos dez metros, ou seja, 1 Å = 0,0000000001 m.

Enquanto Python fornece um método simples para cálculo, em Perl devemos implementar manualmente o cálculo. Primeiro vamos nos lembrar da fórmula para calcular a distância euclidiana entre dois pontos em um espaço tridimensional:

$$d = \sqrt{(x1 - x2)^2 + (y1 - y2)^2 + (z1 - z2)^2}$$

A distância entre dois pontos é igual a raiz quadrada da soma da diferença das posições x, y e z dos dois pontos. Aprendemos nos primeiros capítulos que para elevar um número ao quadrado devemos utilizar "**2". Entretanto para calcular a raiz quadrada devemos utilizar a função **sqrt**.

No *script* abaixo, primeiramente vamos extrair as posições x, y e z de cada um dos dois átomos (declarados no começo do *script*). A seguir, vamos calcular a distância euclidiana entre eles.

```perl
use Bio::Structure::IO;

use strict;

my %atomo1 = (
        "cadeia" => "A",
```

```perl
        residuo => 'THR-2',
        atomo => 'CA'
);

my %atomo2 = (
        "cadeia" => "A",
        residuo => 'ILE-3',
        atomo => 'CA'
);

my @atomo1_xyz;
my @atomo2_xyz;

my $pdb = Bio::Structure::IO->new(
        -file => 'arquivo5.txt',
        -format => 'PDB'
);

my $estrutura = $pdb->next_structure;

foreach my $cadeia ($estrutura->get_chains) {

    my $cadeia_id = $cadeia->id;

    foreach my $residuo ($estrutura->get_residues($cadeia)) {

        my $residuo_id = $residuo->id;

        foreach my $atomo ($estrutura->get_atoms($residuo)){

          my $atomo_id = $atomo->id;
          # Comparacoes
          if(($cadeia_id eq $atomo1{cadeia})and
          ($residuo_id eq $atomo1{residuo})and
          ($atomo_id eq 'CA')){
                @atomo1_xyz = $atomo->xyz;
          }
          elsif(($cadeia_id eq $atomo2{cadeia})and
          ($residuo_id eq $atomo2{residuo})and
          ($atomo_id eq 'CA')){
```

```perl
                @atomo2_xyz = $atomo->xyz;
        }

      }

   }

}

my $distancia = sqrt(
        ($atomo2_xyz[0] - $atomo1_xyz[0])**2 +
        ($atomo2_xyz[1] - $atomo1_xyz[1])**2 +
        ($atomo2_xyz[2] - $atomo1_xyz[2])**2
);

print $distancia;
#3.80040958318968
```

Como exercício tente calcular a distância de todos os átomos para todos os átomos e salve o resultado em um arquivo de texto.

13. Hierarquia do BioPerl

O *namespace* Bio armazena toda a coleção de módulos que BioPerl fornece para lidar com dados biológicos. Assim, analisar sua hierarquia nos dá uma visão geral do que se pode realizar com BioPerl.

Neste capítulo apresentaremos uma breve descrição dos principais módulos presentes no BioPerl (versão 1.6.1). Esperamos que este capítulo possa servir como guia para leitores que necessitem realizar alguma tarefa específica não citada nos capítulos anteriores.

13.1 Bio::Align

Fornece sub-rotinas para alinhamento de sequências.

Documentação: <http://doc.bioperl.org/releases/bioperl-1.6.1/Bio/Align/modules.html>

13.2 Bio::AlignIO

Fornece métodos de entrada e saída para alinhamento de sequências.

Documentação: <http://doc.bioperl.org/releases/bioperl-1.6.1/Bio/AlignIO/modules.html>

13.3 Bio::Annotation

Fornece métodos para anotação de sequências.

Documentação: <http://doc.bioperl.org/releases/bioperl-1.6.1/Bio/Annotation/toc.html>

13.4 Bio::Assembly

Fornece códigos para montagem de genomas.

Documentação: <http://doc.bioperl.org/releases/bioperl-1.6.1/Bio/Assembly/toc.html>

13.5 Bio::Biblio

Fornece códigos para busca de artigos e referências em bancos de dados como o PubMed.

Documentação: <http://doc.bioperl.org/releases/bioperl-1.6.1/Bio/Biblio/toc.html>

13.6 Bio::Cluster

Fornece métodos para clusterização de sequências. Verificar também Bio::ClusterIO.

Documentação: <http://doc.bioperl.org/releases/bioperl-1.6.1/Bio/Cluster/toc.html>

13.7 Bio::CodonUsage

Fornece códigos para análises de uso de *codon*.

Documentação: <http://doc.bioperl.org/releases/bioperl-1.6.1/Bio/CodonUsage/toc.html>

13.8 Bio::DB

Fornece interfaces para acessos de diversos bancos de dados, como por exemplo, GenBank e SwissProt.

Documentação: <http://doc.bioperl.org/releases/bioperl-1.6.1/Bio/DB/modules.html>

13.9 Bio::Expression

Fornece métodos para análise de expressão gênica.

Documentação: <http://doc.bioperl.org/releases/bioperl-1.6.1/Bio/Expression/modules.html>

13.10 Bio::Matrix

Fornece métodos para construção de matrizes genéricas.

Documentação: <http://doc.bioperl.org/releases/bioperl-1.6.1/Bio/Matrix/toc.html>

13.11 Bio::Ontology

Fornece métodos para representação de ontologias.

Documentação: <http://doc.bioperl.org/releases/bioperl-1.6.1/Bio/Ontology/toc.html>

13.12 Bio::Phenotype

Permite a representação de fenótipos para determinadas espécies.

Documentação: <http://doc.bioperl.org/releases/bioperl-1.6.1/Bio/Phenotype/toc.html>

13.13 Bio::PhyloNetwork

Permite a geração de redes filogenéticas.

Documentação: <http://doc.bioperl.org/releases/bioperl-1.6.1/Bio/PhyloNetwork/toc.html>

13.14 Bio::PopGen

Permite análises de genética populacional.

Documentação: <http://doc.bioperl.org/releases/bioperl-1.6.1/Bio/PopGen/toc.html>

13.15 Bio::Restriction

Fornece métodos para trabalhar com enzimas de restrições.

Documentação: <http://doc.bioperl.org/releases/bioperl-1.6.1/Bio/Restriction/toc.html>

13.16 Bio::Search

Permite trabalhar com resultados de BLAST. Verificar também Bio::SearchIO.

Documentação: <http://doc.bioperl.org/releases/bioperl-1.6.1/Bio/Search/toc.html>

13.17 Bio::Seq

Fornece métodos para análises de sequências.

Documentação: <http://doc.bioperl.org/releases/bioperl-1.6.1/Bio/Seq/toc.html>

13.18 Bio::SeqEvolution

Permite a implementação de mutações pontuais em sequências.

Documentação: <http://doc.bioperl.org/releases/bioperl-1.6.1/Bio/SeqEvolution/toc.html>

13.19 Bio::SeqFeature

Fornece recursos para análises de sequências.

> **Documentação**: <http://doc.bioperl.org/releases/bioperl-1.6.1/Bio/SeqFeature/toc.html>

13.20 Bio::SeqIO

Fornece métodos para leitura e gravação de sequências em diversos formatos, como por exemplo, FASTA, FASTQ, ACE, EMBL e formatos tabulares.

> **Documentação**: <http://doc.bioperl.org/releases/bioperl-1.6.1/Bio/SeqIO/toc.html>

13.21 Bio::Structure

Permite a análise de estruturas de proteínas extraídas do banco de dados PDB.

> **Documentação**: <http://doc.bioperl.org/releases/bioperl-1.6.1/Bio/Structure/toc.html>

13.22 Bio::Taxonomy

Permite análises de taxonomia.

> **Documentação**: <http://doc.bioperl.org/releases/bioperl-1.6.1/Bio/DB/Taxonomy/toc.html>

13.23 Bio::Tools

Fornece métodos de execução via *wrapper* para diversas ferramentas de Bioinformática, dentre elas: Signalp, SeqPattern, EMBOSS, SiRNA, programas para análises filogenéticas (Molphy, Phylip, PAML,

Primer e Assessor), Prediction, Sim4, Spidey, EUtilities, ferramentas para análises de proteínas e DNA, HMMER e para alinhamentos.

Documentação: <http://doc.bioperl.org/releases/bioperl-1.6.1/Bio/Tools/toc.html>

13.24 Bio::Tree

Permite a construção de árvores, como por exemplo árvores filogenéticas.

Documentação: <http://doc.bioperl.org/releases/bioperl-1.6.1/Bio/Tree/toc.html>

13.25 Bio::Variation

Permite análises de mutações.

Documentação: <http://doc.bioperl.org/releases/bioperl-1.6.1/Bio/Variation/toc.html>

Epílogo

Se você chegou até aqui após ler todos os outros capítulos, parabéns! Agora você está apto a criar e analisar programas para Bioinformática utilizando a linguagem Perl. Mas se você ainda não se sente um programador completo, não se aflija. Como foi dito no prefácio: programação é prática! E este é apenas o primeiro passo.

Se você ainda tem dúvidas em relação a expressões regulares sugerimos que continue praticando e, até mesmo, busque outras fontes de informação, como o livro *"Beginning Perl"* do autor Simon Cozens, que pode ser lido gratuitamente no Website oficial do Perl. Perl é uma poderosa linguagem para manipulação de arquivos, mas assimilar regras de expressões regulares leva um tempo. Pratique!

É claro que não seria possível demonstrar tudo que se pode fazer com BioPerl, entretanto ao escrever este livro tivemos como principal objetivo dar uma visão geral do BioPerl e incentivá-los a ir mais além. Então agora, vá mais além!

Quero mais: para mais informações acesse:

- Website oficial do Perl <https://www.perl.org/>;
- Website oficial do BioPerl <http://www.bioperl.org/>.

Por fim, nos vemos no terceiro e último livro da série:

Introdução à Programação para Bioinformática com PHP & JavaScript

Isso é tudo pessoal!

Referências bibliográficas

Cozens, Simon. **Beginning Perl (free).** Disponível em: <https://www.perl.org/books/beginning-perl/>. Acesso em: 23 de janeiro, 2016.

Dwyer, Rex A. **Genomic Perl - From Bioinformatics Basics to Working Code.** Cambridge University Press. 2003.

Jargas, Aurelio Marinho. **Expressões Regulares - Guia de Consulta Rápida.** Novatec. 2001.

Jensen, Mark A. **HOWTO:BlastPlus – BioPerl.** Disponível em: <http://www.bioperl.org/wiki/HOWTO:BlastPlus>. Acesso em: 18 de janeiro, 2016.

Mariano, D. C. B.; Barroso, J. R.; Correia, T.; de Melo-Minardi, R. C. **Introdução à programação para Bioinformática com Biopython.** Primeira edição. North Charleston, SC (EUA): CreateSpace Independent Publishing Platform. 2015.

Moorhouse, Michael; Barry, Paul. **Bioinformatics Biocomputing and Perl - An Introduction to Bioinformatics Computing Skills and Practice.** John Wiley & Sons. England. 2004.

Osborne, Brian. **HOWTO:Beginners – BioPerl.** Disponível em: <http://www.bioperl.org/wiki/HOWTO:Beginners>. Acesso em: 17 de janeiro, 2016.

Sanchez, Thiago Glauco. **Programando com Perl**. Brasport Livros e Multimídia Ltda. 2012.

Sebesta, Robert W. **Conceitos de Linguagens de Programação**. Bookman Editora, 2009.

Stajich J, Block D, Boulez K, Brenner S, Chervitz S, Dagdigian C, Fuellen G, Gilbert J, Korf I, Lapp H, Lehväslaiho H, Matsalla C, Mungall C, Osborne B, Pocock M, Schattner P, Senger M, Stein L, Stupka E, Wilkinson M, Birney E. (2002). **The Bioperl Toolkit: Perl Modules for the Life Sciences**. *Genome Res* 12 (10) p. 1611–8.

Tisdall, James D. **Beginning Perl for Bioinformatics**. First edition. O'Reilly & Associates. Sebastopol, CA. 2001.

Wall, Larry; Christiansen, Tom; Orwant, Jon **Programming Perl. Third Edition**. O'Reilly Media. 1991.

Sobre os autores

Diego César Batista Mariano

Atualmente cursa doutorado em Bioinformática na Universidade Federal de Minas Gerais. Possui mestrado em Bioinformática (UFMG), bacharelado em Sistemas de Informação (Faculdade Anhanguera de Belo Horizonte), diploma técnico em Redes Computacionais (Senac Minas) e profissionalizante em Aprendizagem Industrial em Pré-Impressão Gráfica (SENAI). Tem experiência em desenvolvimento de sistemas Web, habilidade em programação com as linguagens PHP, Python e Perl, além de conhecimentos nas áreas de: Bioinformática, visualização de dados, design pra impressão gráfica e web, montagem e anotação de genomas bacterianos.

Raquel Cardoso de Melo Minardi

Possui doutorado em Bioinformática pela Universidade Federal de Minas Gerais (2008) e graduação em Ciência da Computação pela mesma instituição (2004). Realizou seu pós-doutorado no Comissariat à l'Energie Atomique et aux Énergies Alternatives / Genoscope na França (2008/2009). Atualmente é professora adjunta II da Universidade Federal de Minas Gerais no Departaento de Ciência da Computação. Atua nos Programas de Pós-Graduação em Ciência da Computação e em Bioinformática. Seus principais interesses de pesquisa são em Bioinformática e em Visualização de Dados.

www.ingramcontent.com/pod-product-compliance
Lightning Source LLC
Chambersburg PA
CBHW051213170526
45166CB00005B/1870